W0062654

ullstein

Das Buch

Es sind nicht die großen Entscheidungen, die unser Leben verändern, sondern die tausend kleinen Dinge, die wir täglich erledigen oder aufschieben, die uns erfreuen oder bedrücken, die uns weiterbringen oder hemmen, die uns Spaß machen oder zum Hals raushängen.

Auf dem Weg zu mehr Zufriedenheit und Erfolg kommt es deshalb darauf an, wie Sie Ihren alltäglichen Herausforderungen begegnen.

Sabine Asgodom hat ihr Lese- und Arbeitsbuch als Leitfaden für moderne Frauen konzipiert, die mehr aus ihrem Leben machen wollen. Unterhaltsam und praxisnah erklärt sie, wie Sie Ihr Leben selbst bestimmen, entscheidungsstark werden, sich gut organisieren, wie Sie Ihre Finanzen in den Griff bekommen und Öffentlichkeitsarbeit in eigener Sache betreiben. Sie weist Frauen aller Generationen den Weg zu mehr Selbstsicherheit und PR in eigener Sache. So werden Sie zur Königin des eigenen Lebens!

Die Autorin

Sabine Asgodom, früher Journalistin bei *Cosmopolitan* u. a., gründete 1999 ASGODOM LIVE und ist heute eine der gefragtesten Managementtrainerinnen und Coaches im deutschsprachigen Raum. Sie ist Dozentin für Selbst-PR an der Berufsakademie Heidenheim, Referentin und Kolumnistin.

Von Sabine Asgodom sind in unserem Hause
bereits erschienen:
Eigenlob stimmt (HC-Ausgabe)
Setz dich durch (HC-Ausgabe)
Ganz schön stark (HC-Ausgabe)
Genug gejammert · Leben macht die Arbeit süß
Reden ist Gold

Sabine Asgodom

Live your life!

*Wie jede Frau zur Königin
des eigenen Lebens wird*

Ullstein

Besuchen Sie uns im Internet:
www.ullstein-taschenbuch.de

Aktualisierte und überarbeitete Ausgabe
im Ullstein Taschenbuch
1. Auflage Januar 2009
3. Auflage 2012
Dieses Buch erschien im HC unter dem Titel *Ganz schön stark!*
© Ullstein Buchverlage GmbH, Berlin 2005/Econ Verlag
© ADMOS Media GmbH, Leipzig 1993
Satz: LVD GmbH, Berlin
Gesetzt aus der New Baskerville
Papier: Pamo Super von Arctic Paper Mochenwangen GmbH
Druck und Bindearbeiten: CPI – Ebner & Spiegel, Ulm
Printed in Germany
ISBN 978-3-548-37242-6

Inhaltsverzeichnis

Einleitung

Bianca, 32 Jahre, pflegt ihre Prinzessinen-Allüren. Sie ist Tochter aus gutem Haus, hat eine Designausbildung, aber nie im Beruf gearbeitet, ist viel mit ihrer Mutter durch die Welt gereist, Paris, Rom, New York, Rio … Ab und zu jobbt sie in Kaufhäusern und manchmal bei einer Modelagentur. Mal hat sie einen Freund, aber es hält nie lange. Sie ist gertenschlank, immer piekfein angezogen, mit passendem Täschchen zu den Schühchen und zum Tüchlein. Man könnte sie affektiert nennen.

Jetzt sitzt sie mir im Coaching gegenüber und lässt die Maske fallen. Vor mir sitzt eine ganz normale junge Frau, die nicht weiß, was sie mit ihrem Leben anfangen soll. War das Prinzessin-Spielen mit 26 noch ganz amüsant, ist inzwischen der Lack ab. Wir sind uns schnell einig: Exaltiertes Gehabe lässt man bei einer 26-jährigen noch als niedlich durchgehen, bei einer Frau mit 32 wirkt es einfach nur noch zickig.

Bianca sucht ihren eigenen Weg. Von der Prinzessin zur …?

… Königin? Eine schöne Alternative. Wenn da nicht die andere Königin wäre. Besser gesagt, die Königinmutter. An deren Seite hat Bianca bisher ein mehr oder weniger angenehmes Leben geführt. Sie hat die Herrschaft der Mutter anerkannt und sich ihren Wünschen unterworfen. Nun könnte man meinen, es gebe schlimmere Schicksale. Unglücklich ist Bianca trotzdem.

Für sie stellt es die größte Herausforderung dar, sich aus der Abhängigkeit zu lösen, einen eigenen Weg zu entdecken, sich von manchen Bequemlichkeiten zu verabschieden und Sinn im eigenen Leben und Tun zu finden. Was dem entgegensteht: Bianca möchte sich nicht mit ihrer Mutter überwerfen, nicht mit ihr konkurrieren, sie nicht bekämpfen, sie möchte keine »Königinmörderin« werden.

Muss sie auch nicht, beruhige ich sie. Es gibt eine wunderbare Alternative: ein eigenes Königreich errichten. Und dann auf gleicher Augenhöhe freundschaftlich mit der anderen Regentin verkehren. Was Bianca dazu braucht: ein eigenes Einkommen und ein gesichertes Auskommen. Sie muss bei sich selbst ankommen, erst dann kann sie zu neuen Ufern aufbrechen.

Und damit fängt die Arbeit an. Bianca will über sich herausfinden:

- Was kann ich gut?
- In welchem Beruf wird das gebraucht, was ich kann?
- Was sind meine Antriebskräfte und meine Handbremsen?
- Was sind meine Ängste und meine Hoffnungen?
- Wann bin ich ich selbst und wie finde ich das heraus?
- Welche ersten wichtigen Schritte muss ich gehen?
- Wer kann mir dabei helfen?

Das Coaching mit Bianca hat einige Monate gedauert. Und hinter der Fassade der arroganten Zicke kam immer deutlicher die tüchtige, warmherzige, talentierte, erwachsene Frau zum Vorschein. Sie arbeitet heute als Einkäuferin in der Modeabteilung eines Kaufhauses, erfolgreich. Sie ist dafür in eine andere Stadt gezogen, mutig. Sie beginnt, sich einen neuen Freundeskreis aufzubauen und ist ein hoffnungsvoller Mensch.

Was hat Bianca mit diesem Buch zu tun? In „Live your life" steht alles, was ich über Selbstvertrauen, Selbstwertgefühl, Selbstbestimmung und Selbstdarstellung weiß und an Bianca weitergegeben habe. Aus eigener Erfahrung, eigenem Lernen, vor allem aus der praktischen Arbeit mit Zigtausend

Teilnehmerinnen an Vorträgen, Seminaren und Coachings während der letzten 17 Jahre.

Die wenigsten Frauen, das wissen wir alle, werden als Prinzessinnen geboren, die meisten als ganz normale kleine Mädchen, mehr oder weniger beachtet, mehr oder weniger gefördert, mehr oder weniger geliebt. Manche fühlen sich eher als Aschenputtel, das in seiner Kindheit zu wenig Aufmerksamkeit und Liebe bekam und sich mühsam selbst befreien musste (ach Gott, auch Königssöhne sind so selten!). Sie wünschen sich bisweilen, mehr im Rampenlicht zu stehen, anerkannt und entdeckt zu werden.

Andere fühlen sich wie Pipi Langstrumpf. Sie wurden nicht behütet und bedient, sondern mussten früh für sich selbst sorgen, sind dadurch stark geworden, fürchten sich vor nichts und haben breite Schultern. Ihr Lieblingssatz lautet: »Das schaffe ich schon!«. Manchmal wünschen sie sich ein bisschen mehr Leichtigkeit in ihrem Leben, weniger Kampf und Krampf.

Stark zu sein heißt nicht, immer und überall den Buckel hinzuhalten, sich noch mehr aufzuladen, sondern es bedeutet vor allem Selbstbestimmung. Dazu gehört unter anderem, um Hilfe bitten und »Nein« sagen zu können sowie immer öfter auch an sich selbst zu denken. Egoistisch sein eben, im besten Sinne, nicht als Ellenbogen ausfahrende Zicke, sondern als eine Frau, die weiß, wer sie ist und was sie will, die Stolz und Lebensfreude ausstrahlt und andere mit ihrer entspannten Wärme erreicht.

Selbstbestimmung ist ein hohes Gut. Ich selbst habe erst im Laufe meines Erwachsenseins herausgefunden, was ich wirklich will. Lange habe ich meinen eigenen Wünschen misstraut, habe die Interessen anderer oft über meine eigenen gestellt. Im Laufe der Zeit bin ich auf die Zusammenhänge von Selbstbewusstsein, Selbstbestimmung und der Wirkung auf andere gestoßen. So hängt das eine mit dem anderen zusammen:

Wirkung

⇧

Selbstdarstellung

⇧

Selbstbestimmung

⇧

Selbstsicherheit

⇧

Selbstvertrauen

⇧

Selbstbewusstsein

⇧

Den Anfang macht das Selbstbewusstsein. Das bedeutet, mir wirklich bewusst zu machen: Wer bin ich, was kann ich? Was kann ich nicht so gut? Was mag ich an mir und was eher nicht? Mit diesem klaren Blick auf mich selbst und ganz viel Liebe kann ich Selbstvertrauen entwickeln: indem ich mir verzeihe, was ich nicht so an mir mag, indem ich stolz bin auf das, was ich kann oder in meinem Leben schon geleistet habe und indem ich darauf vertraue, dass ich mich in dieser Welt behaupten werde.

Aus dem Selbstvertrauen entsteht Selbstsicherheit. Ich werde mir klar, was ich will. Ich vertraue meinem Bauchgefühl und meinen Sehnsüchten. Ich weiß auch, was ich auf keinen Fall mehr will. Ich lerne, »Nein« zu sagen und meine Wünsche durchzusetzen. Ich bin bereit, Risiken einzugehen, um aus alten Strukturen auszubrechen. Ich werde »ganz«.

Diese Selbstsicherheit führt zur Selbstbestimmung. Ich

werde zur Meisterin meines Lebens. Ich bestimme die Vorgaben, die Richtung und den Weg. Ich bestimme, wie ich leben möchte und mit wem, wem ich meine Zeit schenke und wem nicht (mehr). Ich spüre meine Kraft und lerne es auszuhalten, wenn andere meine Entwicklung gar nicht so positiv bewerten. Ich kann richtige von falschen Freunden unterscheiden und werde immer mehr zur Handelnden.

Das alles führt dazu, dass ich mich selbst anders nach außen darstelle: klarer, wahrhaftiger, unterscheidbarer. Ich bin wie ein geschliffener Diamant, dem seine Ecken und Kanten erst diesen unglaublichen Schimmer verleihen. Ich gewinne Profil und werde immer klarer gesehen. Ich traue mich, so zu sein, wie ich bin – ein unvollkommener Mensch in einer unvollkommenen Welt. Ich trete ins Licht, zeige mich, bekomme wunderbares Feedback von den einen und halte die verhaltenen Reaktionen der anderen aus.

Dieses selbstbestimmte Verhalten zeigt Wirkung. Ich bin sicher nicht mehr »Everybody's darling«, aber das ist auch gut so. Denn ich bekomme das, was jeder Mensch braucht: Respekt. Ich finde durch meine Wirkung Gleichgesinnte und kann etwas bewegen. Ich bin offen für andere und kann auf sie eingehen. Ich steigere meine Lebensfreude und meine Lebensqualität.

Dieses Buch unterstützt und fördert eine solche ideale Entwicklung. In den folgenden Kapiteln finden Sie zahlreiche Anregungen, viele Beispiele und jede Menge Übungen, die Ihnen helfen werden, Ihr Selbst zu reflektieren und sich zu verändern.

Als ich 1993 den Vorläufer dieses Buchs mit dem Titel »Selbstmanagement für Frauen« schrieb, sahen viele Frauen in Deutschland mit großer Hoffnung auf neue Technologien und Branchen. Es war eine Zeit des Kämpfens und Sich-Beweisens, das Wort »Karrierefrauen« machte die Runde. Frauen wie ich trugen oft harte Kämpfe aus, um sich zu positionieren.

Heute sehen gerade junge Frauen ihrem beruflichen Werdegang sehr viel entspannter entgegen. Sie sind clever, haben oft die besseren Abschlüsse und eine Entscheidungsfreiheit wie wohl noch in keiner Generation zuvor. Ich freue mich an der neuen Selbstverständlichkeit in der Generation meiner eigenen Tochter. Nicht zuletzt für diese jungen Frauen, speziell die Orientierungsloseren unter ihnen, ist dieses Buch geschrieben: um ihnen Mut zu machen, ihre Chancen zu nutzen, ihre Talente zu leben und die Partnerschaft aufzubauen, die sie sich wünschen.

Kann ein Buch ein Leben verändern? Vielleicht. Wenn man es selber geschrieben hat, auf jeden Fall. Als ich mit vierzig Jahren »Selbstmanagement für Frauen« schrieb, war »Selbstmanagement« noch ein Fremdwort für viele. Als es 2005 in einer neuen, völlig überarbeiteten Auflage erschien, war ich mitten drin im eigenen Lebenskampf, hatte mich gerade getrennt, baute mir meine Selbstständigkeit auf und schuftete wie ein Tier.

Heute lebe ich ein rundes Leben, mein Unternehmen »Asgodom live« floriert, ich habe eine neue Liebe gefunden und bin glücklicher als je zuvor. Und das mit 55. Es ist nie zu spät, die Königin des eigenen Lebens zu werden. Und manchmal reitet tatsächlich ein wunderbarer Königssohn auf seinem Schimmel vorbei.

Ihre
Sabine Asgodom
München, im Januar 2009

»Ich bestimme mein Leben selbst!«

Klasse-Frauen ohne Selbstvertrauen?

Eine der bekanntesten Fotografinnen Europas sagte mir einmal: »Wenn mir jemand sagt, ihm gefallen meine Bilder nicht, dann würde ich am liebsten sofort meine Kamera wegwerfen und nie wieder ein Foto schießen. Das ist doch nicht normal, dass ich so abhängig bin vom Urteil irgendeines Heinis!«

Selbstvertrauen – viele bekommen ein sehnsüchtiges Schimmern in den Augen, wenn sie dieses Wort hören. Selbstbewusstsein, ach ja, und es ertönt ein tiefer Seufzer. Darum soll es sich in diesem Kapitel drehen: Warum stehen so viele Menschen mit ihrem Selbstwertgefühl auf Kriegsfuß? Warum steht das mühsam erworbene Selbstvertrauen selbst bei äußerlich erfolgreichen Frauen so oft auf wackeligen Beinen, kann mit einem Windhauch umgeblasen werden?

Diesen Fragen möchte ich nachgehen. Und Ihnen Methoden zur Entwicklung Ihrer Persönlichkeit vorstellen: Über welche Stationen erreiche ich mehr Selbstvertrauen? Was muss ich abbauen, was kann ich stärken? Was tut mir gut? Wie kann ich mir Gutes tun? In welchem Zusammenhang steht Selbstvertrauen mit Selbstbewusstsein, Selbstachtung, Selbstüberwindung? Wie bestimme ich mein Leben selbst? Ich werde versuchen, diese Fragen zu beantworten und Ihnen am Schluss dieses Kapitels eine ganze Reihe praktischer Übungen anbieten, mit deren Hilfe Sie sich selbst auf die Schliche kommen und Ihr Selbstvertrauen weiterentwickeln können.

»Mach dich klein! Duck dich! Zieh den Kopf ein! Stell dein Licht unter den Scheffel! Du kannst nicht alles haben! Protze nie mit deinem Wissen! Sei bescheiden! Freu dich nicht zu früh!« – Wie Hammerschläge müssen uns diese Parolen von Kindheit an ins Hirn getrieben worden sein. Boing und boing und …

Und sie zeigen Wirkung. Viele Frauen beispielsweise bescheiden sich mit dem ihnen – von anderen – zugedachten Leben, sie verzichten freiwillig auf die »zweite Hälfte des Himmels« und fügen sich in eine Lindenstraßen-Rolle. Sie versuchen nicht, ihre Talente zu nutzen und ihre Wünsche durchzusetzen. Selbst diejenigen, die im Leben einiges erreicht haben, tun sich oft schwer, dies auch wirklich zu genießen. Wie schade!

Ich habe in meinem Journalistinnen-Leben eine Reihe erfolgreicher Frauen interviewt, Politikerinnen, Gewerkschafterinnen, Wissenschaftlerinnen, Managerinnen, Künstlerinnen. Und auch als Seminarleiterin oder Coach treffe ich immer wieder auf Frauen, die ihren Erfolg nicht mit ihrer außergewöhnlichen Leistung, ihrem Können, ihrem Talent oder ihrem Gespür begründen. Meistens musste ich mir anhören: »Wissen Sie, eigentlich war es Zufall!« oder »Ach, ich habe ganz einfach Glück gehabt.« Sicher, sie haben eine eigene Firma aufgebaut, die inzwischen einen Jahresumsatz von 40 Millionen Euro schreibt. Nun gut, sie haben diesen gefährlichen Krankheitserreger gefunden und das Mittel gegen ihn. Was soll's, sie sind als Museumsdirektorin verantwortlich für einen Millionenetat. Aber – Glück gehabt, reingerutscht – dazugekommen »wie die Jungfrau zum Kind«.

Erfolg, Macht, Einfluss, Geld – viele haben das starke Bedürfnis, sich dafür zu entschuldigen. Sie wehren den vermeintlichen »Makel« wie mit einem Hexenzeichen ab – die überkreuzten Finger sollen symbolisieren: Ich kann nichts dafür! Und sie setzen noch eins drauf: Sie versuchen, dem offensichtlichen Erfolg im Beruf, in der Familie, in der Politik oder wo auch immer ihre furchtbaren menschlichen Mängel, ihre persönlichen Schwächen entgegenzusetzen. Sie lieben Selbstgeißelungen wie:»Ich bin gar nicht so toll, wie ihr denkt! Schaut euch an, wie unvollkommen ich bin, mit welchen grässlichen Dingen das Schicksal mich geschlagen hat. Dagegen ist das bisschen Erfolg doch gar nichts.«

Sie glauben mir nicht, dass Frauen so reagieren? Lassen Sie mich nur vier Beispiele nennen:

Beispiel Nummer 1: Anna H. ist eine Top-Journalistin – eine schöne, feminine Frau, schlank, geschmackvoll gekleidet, äußerst erfolgreich. Sie jammert im Beisein von Kolleginnen verzweifelt über ihren unglaublichen»Fettsteiß« – und deutet auf ihren Popo, der in einem Jil-Sander-Rock, Größe 36, steckt.

Beispiel Nummer 2: Elisabeth F. ist eine bekannte Professorin und prominente Buchautorin. Aber wehe, sie muss vor einem größeren Auditorium einen Vortrag halten: Mit ersterbendem Stimmchen entschuldigt sie sich als Erstes dafür, dass sie nicht gerne vor so vielen Menschen spricht. Dann liest sie ihr Referat monoton vom Manuskript ab, dabei jeden Blick auf ihr Publikum vermeidend. Und anschließend wankt sie mit zitternden Knien zurück zu ihrem Platz. Anstatt beispielsweise ein Rhetorikseminar mitzumachen, stirbt sie lieber jedesmal halb vor Angst.

Beispiel Nummer 3: Sigrid G. ist als Personalchefin einer großen Computerfirma für mehr als 500 Mitarbeiter zuständig. Aber auch nach Jahren hat sie keinen selbstverständlichen Umgangston mit ihren männlichen Führungskollegen gefunden. So kokettiert sie zu Beginn einer wichtigen Besprechung mit ihrer Unfähigkeit, ein Auto richtig einzuparken. Die anwesenden Männer nicken sich grinsend zu: »Typisch Frau!«.

Beispiel Nummer 4: Kolloquium eines großen deutschen Chemieunternehmens: In der Pause sitzt man beim Kaffee. Die Gespräche ringsherum drehen sich um Politik, Umweltschutz, globale Zukunftssorgen. Drei Managerinnen, die Workshops leiten sollen, haben sich an einem Tisch zusammengefunden. Auch sie unterhalten sich angeregt über – Diät! Die eine berichtet von ihrer neuen Superkur, »in sechs Wochen sieben Kilo weg!« Die andere schwört auf Trennkost, »also bis mittags nur Obst«, während die dritte gequält zugibt, dass bei ihr überhaupt nichts hilft, »nicht zu schaffen bei meinem Stress«.

Sie möchten schreien? Tun Sie's!

Lassen Sie sich nicht mehr den Schneid abkaufen!

Was wir meist Selbstbewusstsein nennen, bedeutet umgangssprachlich »die Überzeugung vom Wert der eigenen Person«. Das Selbstwertgefühl oder die Ich-Stärke bestimmt in ganz wesentlichem Maße unser Verhalten. Der Grundstein dafür wird im Lauf der Entwicklung gelegt. Es bildet sich also schon in unserer Kindheit etwas heraus, was später unsere Grundstimmung ausmacht. Urvertrauen nennt man dieses Gefühl eines Kindes, angenommen zu werden, sich auf Mutter und/ oder Vater verlassen zu können. Und es bestimmt das Gefühl über den eigenen Wert, jemand Wertvolles zu sein.

In der Vorstellung aller Menschen ist ein hohes Selbstwertgefühl untrennbar mit einem selbstsicheren Auftreten, einer bestimmten Form der Selbstdarstellung verbunden. Eine Frau, die von sich und ihrem Wert überzeugt ist, müsste demnach sagen können:

»Ich bin froh, dass es mich gibt. So, wie ich bin, bin ich in Ordnung. Mein bloßes Da-Sein und So-Sein ist ein Gewinn für die Welt.«

Sagen Sie diesen Satz doch einmal laut vor sich hin. Verzieht sich Ihr Gesicht zu einem zufriedenen Lächeln? Oder zu einem verzerrten Grinsen? Fühlen Sie einen Stich in der

Brust? Oder eine große Traurigkeit? Hat Ihnen jemals jemand eine solche Botschaft übermittelt?

Wenn nicht, und ich prophezeie, dass dies oft genug der Fall sein wird, müssen Sie selbst daran arbeiten, dass dieser Satz Ihr Satz wird. Denn auch wenn die Grundlagen tatsächlich in der Kindheit gelegt werden – es ist nicht zu spät, Versäumtes nachzuholen. Wir schleppen zwar die Mitgift unserer Erziehung mit uns herum, aber wir haben auch die große Chance der Entwicklung. Wir haben die ungeheure Kraft, uns dieser Mitgift bewusst zu werden, Zusammenhänge zu erkennen, andere Schlüsse zu ziehen und uns zu verändern. Wie schreibt Alice Miller in »Am Anfang war Erziehung«: »Wo Gefühle zugelassen werden, bricht das Schweigen zusammen, und der Einzug der Wahrheit kann nicht mehr aufgehalten werden.«

Die frühen Botschaften

Ich habe eine Reihe von Frauen gefragt, welche Botschaften von ihren Eltern, Großeltern, Lehrern oder Lehrerinnen sie heute noch im Ohr haben. Hier eine Sammlung (vielleicht erkennen Sie die eine oder andere wieder?):

- Mädchen, die pfeifen, und Hühnern, die krähn, sollte man beizeiten die Hälse umdrehn.
- Du bist doch wirklich zu dumm.
- Sei lieb.
- Dicke Mädchen tragen keine Hosen.
- Du bist nichts, du kannst nichts, und außerdem bist du hässlich!
- Eigentlich solltest du ja ein Junge sein.
- Lass das.
- Mädchen können das nicht.

17

- Aus dir wird nie was.
- Stör mich nicht.
- So etwas tut ein Mädchen nicht.
- Das steht dir nicht. Das macht dich blass. Das trägt auf.
- So bekommst du bestimmt keinen Mann.
- Sei brav.
- Nimm dich vor Männern in Acht, die wollen alle nur das eine.
- Gib nicht so an.

Oft wurde den Frauen erst in unserem Gespräch klar, welche Beleidigungen, ja menschenverachtenden Kahlschlagsprüche sie aus ihrer Kindheit mitgenommen haben. Nicht immer waren diese Botschaften in diesem Wortlaut ausgesprochen worden – aber sie waren zumindest das, was das Mädchen herausgehört und sich »hinter die Ohren geschrieben« hatte.

Diese unbewussten Botschaften, die wir manchmal ganz tief in unserem Unterbewusstsein versteckt haben, wirken trotzdem in uns weiter – wie selbstbewusst wir auch inzwischen sind oder uns geben. Achten Sie einmal darauf, können Sie sich vielleicht dabei ertappen? Finden Sie, dass betrunkene Frauen noch ekelhafter sind als betrunkene Männer? Oder meinen Sie, dass eine Freundin noch erfolgreicher sein könnte, »wenn sie mehr aus ihrem Äußeren machen würde«?

In der Übung auf Seite 49 können Sie herausfinden, welches Ihre Botschaften in der Kindheit waren, wie sie heute noch auf Sie wirken und wie Sie sie entkräften können.

Die indirekte Botschaft, die allen kleinen Mädchen mitgegeben wird, lautet: »Orientiere dich an den anderen. Schau, was ihnen an dir gefällt. Sei pflegeleicht. Dann geht es dir gut.« Früh lernen wir so, die Wünsche der anderen zu erspüren und ihnen zu entsprechen: Wir sind hilfsbereit, brav und von angenehmem Äußeren (darauf komme ich noch in einem Extra-Abschnitt). Wir verkneifen uns oft das Draufgängerische, Eigensinnige, Vorlaute. Und verabschieden uns damit von einem Teil unserer Persönlichkeit.

Zurück bleibt das »typisch Weibliche«: Kontaktfreudigkeit, Einfühlungsvermögen, Aufgeschlossenheit, Belastbarkeit, Anpassungsfähigkeit. Also all das, was Frauen an besonderen Fähigkeiten nachgesagt wird. Das ist nicht unbedingt negativ. Die Missachtung ist damit aber nicht zu Ende. Denn in unserer Gesellschaft werden diese »weiblichen« Talente nicht allzu hoch geschätzt. Sie gelten weder als Gewinner-Eigenschaften noch haben sie etwas mit dem A-Typ zu tun. Aus diesem Holz werden keine Bundeskanzler und keine Bundesbankpräsidenten geschnitzt. Und als sich herumsprach, dass diese »soziale Kompetenz« für die Führung von Unternehmen und Mitarbeitern doch ziemlich wichtig sein könnte, wurden flugs Seminare für Männer angeboten, um sich diese Eigenschaft im Wochenendkurs anzueignen.

Kurz zusammengefasst: Mädchen und Frauen werden so erzogen, dass sie zuerst auf das soziale Umfeld schauen und von da erst auf sich selbst. Deshalb spiegeln Frauen sich so oft in anderen – in anderen Frauen, in Männern. Sie fragen nicht: Wer bin ich? Sondern sie vergleichen sich: Bin ich besser, bin ich schlechter, bin ich beliebter als andere?

Die verborgenen Kraftquellen

Ich bin sicher, dass jede von uns schon unzählige Male in ihrem Leben enorme Kraft bewiesen hat. Aber oft machen wir uns dies selbst am wenigsten bewusst. Wir legen viel zu viel Aufmerksamkeit auf unsere Schwächen, unsere vermeintlichen Mängel, unsere Unzulänglichkeit. Wir machen uns manchmal sogar klein, dumm und hässlich. Wir setzen uns selbst unter Druck, um noch schöner, schlanker, erfolgreicher zu werden! Stellen Sie sich doch auch einmal die Frage: »Wer ist eigentlich Paul?«, wie in dem bekannten Werbespot. Für wen tun Sie das eigentlich alles? Nur für sich selbst? Um wem etwas zu beweisen? Erst wenn wir aus dieser Falle herauskommen, werden wir über den Horizont hinausschauen können.

Ich lade Sie ein: Folgen Sie mir – in eine Art Meditation ohne Lehrer, in eine Begegnung mit dem Ich. Wir können uns so unseres Wertes, unserer Einmaligkeit und der Einzigartigkeit unseres Lebens besser bewusst werden …

Begegnung mit meinem Ich

Ich sehe mich selbst mit liebevollen Augen – meinen Körper, meinen Geist, meine Seele: Ja, so bin ich. Ich streichele über meine Hände, meine Arme, meine Schultern, mein Gesicht, meine Haare. Ich streichele meinen Busen, meinen Bauch, meine Hüften, meinen Po, meine Beine, meine Füße. Ich spüre meinen Atem. Dieser Körper ist einzigartig, er ist nur mir gegeben. Ich spüre, wie meine Haut auf mein Streicheln reagiert, wie sie zärtliche Botschaften an mein Gehirn weitergibt.

Ich schließe die Augen und lasse meinen Geist wandern. Kein Mensch auf der Welt ist mir vergleichbar. Ich berge einen Schatz in meinem Gehirn, eine einmalige Komposition aus Gedanken, Gefühlen, Erfahrungen und Phantasie.

Ich genieße dieses Kreisen um mich selbst, diesen Ausflug in mein Innerstes. Ich bekomme eine Ahnung von der Seele in mir. Von der Großartigkeit, dass ich lebe. Ich lebe. Und ich erlebe mich. Ich begreife dieses ungeheure Geschenk des Bewusstseins. Und ich spüre Kraft in mir, eine jauchzende Freude, Glück.

Ich bin geboren, um zu leben. Und ich spüre, wie meine Fesseln fallen. Ich bin frei. Ich selbst bin verantwortlich für mein Leben. Ich bestimme darüber.

Wenn Sie Lust haben, bitte probieren Sie diese Begegnung mit Ihrem Ich gleich selbst einmal aus. Sie brauchen keinen Spiegel – weder einen aus Glas noch aus dem Urteil anderer, um sich zu erkennen. Sehen Sie sich direkt, mit Ihren Augen, mit all Ihren Sinnen. Wenn Sie sich bisher selbst fremd waren, schließen Sie Bekanntschaft mit sich selbst. Dieser Glücksmoment ist nur Ihrer. Den kann Ihnen niemand nehmen. Egal, wie Ihr Leben sonst im Augenblick läuft.

Wieder an Bord? Okay, kehren wir zurück in die Welt, in der wir leben; und schauen wir uns an, was ich mit den Veränderungen meine, für die Sie sich einsetzen können. Ich bin zwar eine Träumerin, gewiss, aber keine Traumtänzerin: So frei, wie wir uns in der tiefsten Begegnung mit uns selbst fühlen, sind wir im Zusammenleben mit anderen Menschen nicht, oder leider viel zu selten.

Es gibt eine Unzahl äußerer Hürden, die uns daran hindern, unsere Wünsche und Sehnsüchte zu leben, unsere Talente voll zu entfalten, das Beste für uns zu tun. Wir können sie so erkennen und es zwingt uns niemand, sie hinzunehmen. Wir können uns dafür einsetzen, dass wir mehr von dem bekommen, was wir brauchen.

Machen Sie sich dies einmal klar: Wenn wir versuchen würden, so zu sein, wie andere uns haben wollen, würden wir wahrscheinlich rotieren wie ein Wetterhahn auf einer Kirchturmspitze bei Windstärke 10. Und uns bald wie eine gerupfte Henne fühlen! »Sei eine gute Mutter!«, rufen die einen. »Was, du bist nur Hausfrau?«, höhnen die anderen. »Du hast wohl keinen Ehrgeiz!«, tönt es von hier. »Karriere-Schlampe!«, das Echo von dort.

Ob Rabenmutter, Glucke oder gar Kinder-Verweigerin, Frauen stehen immer unter kritischer Beobachtung. Also Schluss damit! Machen Sie doch, was Sie wollen. Haben Sie sieben Kinder oder eins, oder keins. Gründen Sie ein Unternehmen oder eine Kinderkrippe, erobern Sie die Welt oder Ihr Inneres. Gestalten Sie Ihr Leben nach Ihren Vorstellungen. Sie haben wahrscheinlich nur eins.

Das heißt: Übernehmen Sie ab sofort die Verantwortung für Ihr Leben. Niemand kann sie Ihnen abnehmen. Und niemand weiß besser als Sie, was für Sie gut ist! Wenn Sie selbst auch das Gefühl haben, dass es schon längst Zeit dafür ist, was hindert Sie noch daran? Beginnen Sie damit, Ihren Wünschen, Ihren Sehnsüchten, Ihren Erwartungen nachzuspüren. Wo liegt Ihr Lebensziel? Und welche Möglichkeiten gibt es, ihm näherzukommen?

Ihre Lebensziele

Sie werden dies alles vielleicht nicht spontan beantworten können. Lassen Sie sich Zeit und sammeln Sie Antworten zu folgenden Fragen:
+ Was möchte ich tun?
+ Wie möchte ich leben?
+ Mit wem möchte ich leben?
+ Wie kann ich das erreichen?
+ Was will ich behalten?
+ Was will ich ändern?
+ Wie kann ich es ändern?

Fragen Sie sich auch:
+ Was muss, was will ich dafür aufgeben?
+ Wie wohl fühle ich mich mit dem Ergebnis?

Ich empfehle Ihnen, Ihre Antworten schriftlich festzuhalten. Denn nur so können Sie einen Überblick bekommen und Eingebungen sammeln und ergänzen, ohne Wichtiges zu vergessen.

Eine solche Bestandsaufnahme muss Ihr bisheriges Leben nicht zwangsläufig in Grund und Boden rammen. Sie können entdecken, dass Sie eine ganze Menge an Ihrem derzeitigen Leben mögen und brauchen. Sie werden aber auch herausfinden, was Sie schon lange stört, was Sie noch erreichen wollen, wo Sie Änderungen anstreben. Kurz: wo Sie nicht in der Balance sind. Sie werden sich damit auseinandersetzen, wie viel Kraft Sie verspüren und wofür Sie diese einsetzen wollen.

1. Beispiel: Sie stecken in einer beruflichen Situation, aus der Sie schon lange herauswollen (gleichgültig, ob das ein ungeliebter Job ist oder der Wiedereinstieg in das Berufsleben nach der Familienphase). Wie sieht Ihr Berufsziel aus? Ist es, realistisch gesehen, möglich, es zu erreichen? Wenn ja, auf welchem Weg? Wenn nein: Gibt es eine erreichbare Alternative?

2. Beispiel: Sie stecken in einer ungeliebten Beziehung, aus der Sie sich schon lange befreien wollen. Ist diese Beziehung für Sie wirklich abgeschlossen? Wie können Sie sie beenden? Was würde das für Sie bedeuten? Haben Sie eine Vorstellung, wie Sie danach leben wollen/werden?

3. Beispiel: Es gibt einige Lebensgewohnheiten, von denen Sie sich schon lange verabschieden wollen: Welche eingefahrenen Gleise wollen Sie verlassen? Wie glauben Sie, es schaffen zu können? Welche Hindernisse müssen Sie überwinden? Welche Vorteile werden Sie davon haben? Wie wird sich das auf Ihre Lebensfreude auswirken?

Veränderungen sind immer mit Angst verbunden: Wir wissen nicht, was auf uns zukommt, scheuen uns vor den Konsequenzen, den Reaktionen der Menschen, die von unserer Entscheidung mit betroffen sind. Aber sie tragen immer die Möglichkeit in sich, uns selbst näherzukommen, vollständiger zu werden. Was ich bemerkenswert finde: In der chinesischen Schrift wird der Begriff »Krise« aus zwei Zeichen gebildet, aus »Gefahr« und aus »Chance«. Und so ist es: In jeder Krise steckt natürlich ein Risiko, wir wissen nicht genau, wie es weitergehen wird, ob unsere Bemühungen Früchte tragen werden. Aber es steckt eben eine Riesenchance darin, auch die andere Hälfte des Himmels zu erobern, Glück und Zufriedenheit zu finden.

Erkennen Sie Ihre Chancen!

Es scheint, dass die Chancen für uns Frauen, selbstbewusst unseren Lebensweg zu bestimmen, nie besser waren als heute. Hier habe ich Ihnen eine Auswahl zusammengestellt:

+ Frauen haben das Recht auf eine gute Ausbildung und sie machen Gebrauch davon.
+ Es gibt immer mehr erfolgreiche Frauen, die sich auch nicht scheuen, mit ihren Erfolgen an die Öffentlichkeit zu gehen.
+ Frauen erobern sich immer mehr Männerdomänen.
+ Immer mehr Netzwerke von Frauen sind in den letzten Jahren entstanden, Mentorinnenprogramme stärken junge weibliche Nachwuchskräfte.
+ Immer mehr (vor allem jüngere) Männer sehen Ehe und Familie als partnerschaftliche Aufgabe an. Sie unterstützen ihre Frau bei einer eigenen beruflichen Tätigkeit, indem sie sich an der privaten Alltagsarbeit und Kindererziehung beteiligen.
+ Immer mehr Frauen schaffen nach einer Erziehungspause den Wiedereinstieg.
+ Firmen erkennen zunehmend den Wert von Frauen, ihr Können, ihre speziellen Qualifikationen, aber auch ihren Einfluss auf das Arbeitsklima.

Dies alles zusammengefasst: Der Weg für eine selbstverantwortete, individuelle Lebensplanung ist so weit vorbereitet wie sicher kaum jemals zuvor in den letzten Jahrhunderten. Das kann uns Mut machen, unseren Weg zu gehen, ohne den Absturz ins gesellschaftliche Nichts zu riskieren.

Doch genauso wie all diese positiven Aspekte bestehen die Hindernisse weiterhin:

+ Trotz gleicher Qualifikation werden in vielen Bereichen auch heute noch Männer vorgezogen.
+ Die Vereinbarkeit von Familie und Karriere ist immer noch nur unter großen Anstrengungen möglich. Frauen haben wegen der sogenannten »eingeschränkten Leistungsfähigkeit von Frauen mit Kindern« weniger Erfolg bei ihrer Suche nach einem adäquaten Arbeitsplatz.
+ Der Erwartungsdruck auf Frauen in Männerberufen ist besonders hoch.
+ Mit Kampagnen zur »Mütterlichkeit« wird immer wieder versucht, Frauen ein schlechtes Gewissen einzureden.
+ Immer noch weigern sich zu viele Männer, private Alltags- und Erziehungsarbeit zu übernehmen.
+ Die Familienpause bedeutet immer noch den entscheidenden Karriereknick.
+ Weibliche Qualitäten und Vorgehensweisen werden immer noch allzuoft als unprofessionell belächelt.
+ Frauen verdienen nach wie vor bei gleicher Qualifikation ein Viertel weniger als Männer.

Stehen Sie zu sich selbst!

Gerade mit dem letzten Punkt kommen wir zu den unsichtbaren Hürden, die uns hemmen. Im Beruf und im öffentlichen Leben unserer Gesellschaft gilt nach wie vor der Mann als Maß und die Frau als eine Abweichung davon. Deshalb messen sich Frauen an Männern und werden an Männern gemessen.

Kein Mensch glaubt ernsthaft, dass Männer und Frauen gleich sind (was natürlich nichts damit zu tun hat, dass sie nicht »gleiche Rechte« haben müssen). Nein, wir Frauen sind anders, davon bin ich überzeugt. Das heißt nicht besser oder schlechter, sondern eben anders. Wir haben Qualitäten, die sich von männlichem Denken und Verhalten unterscheiden.

Mein Selbstbewusstsein kann sich aber nur entwickeln, wenn ich mich zu meiner Denkweise, zu meiner Sicht der Dinge und zu meiner Herangehensweise bekenne. Erst wenn ich aufhöre, der »bessere Mann« oder »die perfekte Frau« werden zu wollen, kann ich meine ureigenen Qualitäten beweisen. Ich muss mir selbst dafür neue »Glaubenssätze« predigen: Ich denke so, wie ich bin, vielleicht anders, aber nicht »falsch«. Ich reagiere vielleicht anders, aber nicht »falsch«. Ich setze vielleicht andere Schwerpunkte, aber nicht die »falschen«. Auch wenn Sie dies immer noch einmal wieder hören sollten: Dass Frauen Aufgaben nicht bewältigen oder Probleme nicht lösen, eine Firma, eine Gesellschaft nicht gut führen können, ist Quatsch. (Übrigens: So toll ist das auch nicht, wie manche Männer das machen!)

Aber wir müssen – sicher gegen eine weit verbreitete Stimmung – die falsche Bescheidenheit, das Minderwertigkeitsgefühl weiblichen Handelns ablegen, um frei zu sein, die uns entsprechenden Lösungen zu finden.

Dazu gehört:

✦ nicht an die eigenen Fähigkeiten glauben;
✦ dem Selbstzweifel mehr trauen als sichtbaren Erfolgen;
✦ warten statt handeln;
✦ Bescheidenheit statt Selbstdarstellung;
✦ Angst vor neuen Wegen.

Lassen Sie uns die wichtigsten Hindernisse ganz genau anschauen.

Machen Sie die Angst zu Ihrer Verbündeten!

Der ärgste Feind in uns selbst ist die Angst. Dazu möchte ich Ihnen gern eine kleine Geschichte erzählen:

Vor einigen Wochen hatte ich die Recherchen für dieses Buch abgeschlossen, das Material geordnet und die Einleitung geschrieben. Dann hätte ich mich an dieses Kapitel machen müssen. Aber die Tage verstrichen, ohne dass ich meinen Computer auch nur anschaltete. Ich fühlte mich müde, schlapp, lustlos. Jeden Morgen nahm ich mir vor: Heute Abend fange ich an. Und nach jedem ungenutzten Abend quälte mich mein schlechtes Gewissen. Eines Morgens, nach einem ungeschickten Bücken, schoss mir ein stechender Schmerz durch den Rücken: Ich hatte mir eine Bandscheibe eingeklemmt.

Ein guter Orthopäde erlöste mich zwar mit sicherem Griff von den Schmerzen (unterstützt von einem tierischen Schrei meinerseits, der mir wahnsinnig guttat). Aber nun beschloss ich, mich erst mal über ein verlängertes Wochenende so richtig zu erholen, der Laptop blieb zu. Das Ergebnis: Am Montag früh wachte ich mit grässlichen Halsschmerzen und allen Anzeichen einer Grippe auf. Ich konnte mich zwar noch in mein Büro schleppen (wo ich wahnsinnig viel zu tun hatte). Ans Schreiben an diesem Buch aber war an diesem wie an den nächsten Abenden wieder nicht zu denken. Und die Tage im Kalender schossen nur so dahin.

Als die Panik schließlich übermächtig wurde, stellte ich mich endlich den Signalen, die mir mein Körper gesendet hatte, und entschlüsselte sie: Mich beutelte die pure Angst! Obwohl ich schon viele Bücher geschrieben habe, die Sie vielleicht auch kennen werden, passiert mir dies jedesmal wieder: Ich hatte Angst, dieses Buch zu schreiben. Angst, den Abgabetermin nicht einhalten zu können. Angst, nicht genügend recherchiert zu haben. Angst, mir zu viel vorgenommen zu haben.

Ich beschloss, mich dieser Angst zu stellen. Und ich wandte dazu eine Technik an, die ich Ihnen sowieso in diesem Buch empfehlen wollte. Ich schrieb auf, was mir im allerschlimmsten Falle mit diesem Buch passieren könnte:

Erstens – Ich würde den Abgabetermin nicht einhalten können. Und der Verlag könnte mich zur Rechenschaft ziehen.

Zweitens – Dieses Buch würde schlechter werden als alle meine Bücher vorher, zu denen ich so viel positives Feedback bekommen hatte.

Drittens – Der Verlag könnte sich weigern, den totalen Schrott, den ich abliefern würde, zu drucken.

Viertens – Meine Freunde oder Kollegen könnten über meinen Misserfolg lästern.

Nun überlegte ich mir zu jeder dieser vermeintlichen Horrorvorstellungen, was sie für mich bedeuten würde:

Zu Punkt 1: Okay, ich müsste den Vorschuss an den Verlag zurückzahlen; das würde ich überleben.

Zu Punkt 2: Mein Gott, dann wäre es eben schlechter!

Zu Punkt 3: Ich habe jahrzehntelang leben können, ohne Bücher zu schreiben. Das könnte ich auch wieder.

Zu Punkt 4: Auf solche Freunde könnte ich sowieso verzichten.

Ich erinnerte mich an ein Interview mit der amerikanischen Schriftstellerin Colette Dowling, das ich vor vielen Jahren mit ihr in New York geführt habe. Darin hatte sie mir erzählt, welche Panikgefühle sie beim Schreiben ihres zweiten Buches »Perfekte Frauen« gequält hatten. Sie war sich ganz sicher gewesen, nie wieder an den Erfolg vom »Cinderella Komplex« anknüpfen zu können. (Es wurde übrigens wiederum ein Bestseller.)

Etwas zur Ruhe gekommen, überlegte ich mir, ob ich damit weiterleben könnte, wenn dieses Buch kein Erfolg werden würde. Ich kam zu dem Ergebnis: Ja.

Es würde mir leidtun, weil mir dieses Buch so wichtig und mit Herzblut geschrieben ist. Meine Eitelkeit würde sicher beschädigt werden und ich hätte an einem Misserfolg zu knapsen. Aber die Welt würde darüber nicht untergehen. Denn was wäre dies alles im Gegensatz zu den wahren Problemen dieser Erde?!

Als ich an diesem Punkt angekommen war, setzte ich mich an den Computer und begann dieses Kapitel. Die Schreibhemmung war überwunden, das Gespenst der Angst demaskiert und der Weg frei für Kreativität und Tatkraft.

Die Methode des »Was könnte am allerschlimmsten passieren?« kann ich Ihnen jetzt noch besser als vorher ans Herz legen. Sie können sie regelmäßig anwenden, wenn Sie:

✤ einen Vortrag vor einem großen Auditorium halten müssen;
✤ ein schwieriges Gespräch vor sich haben;
✤ eine wichtige Entscheidung treffen müssen;
✤ in eine Prüfungssituation gehen.

Um es noch einmal zu verdeutlichen: Es geht nicht darum, unsere Angst wegzudrücken oder zu verleugnen, sondern im Gegenteil, sie zu erkennen und sich mit ihr auseinanderzusetzen. Wir können versuchen, uns unsere Angst zur Verbündeten zu machen. Was will sie uns sagen, wovor will sie uns warnen? Wenn wir auf sie hören, dann lähmt sie uns nicht, sondern gibt uns wichtige Hinweise auf unseren inneren Zustand: Sie erhöht unsere Aufmerksamkeit und Vorsicht.

Angepasst, rebellisch – oder beides?

Der Weg zu mehr Selbstvertrauen führt immer auch über mehr Selbstbewusstsein – also wirklich »mir meiner selbst bewusst sein«. Selbstbewusstsein habe ich nicht, Selbstbewusstsein muss ich entwickeln. Dazu gehört aber auch der Mut, mir selbst zu begegnen. Mich anzusehen, wer bin ich?

Was hat mich geprägt, nach welchem Muster funktioniere ich? Welches sind meine Stärken und womit komme ich nicht klar? Wir können in uns forschen: Wogegen rebellieren wir? Wo passen wir uns an? Und wo siegt unsere Trotzhaltung? Was treibt uns an? Welchem Bild wollen wir entsprechen? Warum reagieren wir, wie wir reagieren?

Viele Anteile unseres Handelns hängen mit unserer Beziehung zu unseren Eltern zusammen. Viele Menschen strampeln sich ihr Leben lang ab, um Mutter oder Vater dazu zu bringen, ihnen auch nur einmal ein Lob zu geben. Auch wenn sie längst eine eigene Familie haben und weit weg von Vater oder Mutter leben. Überlegen Sie einmal, was Ihre Eltern von Ihnen erwartet haben. Und dann, was Sie heute noch tun, um ihre Anerkennung zu bekommen. Oder – was Sie heute noch tun, um sie zu ärgern? Welche Ihrer Handlungen kommen daher, dass Sie nach wie vor die Eltern ärgern wollen? Doch das trotzige Kind will ja nicht hören? Mit Trotzreaktionen ebenso wie der Sucht nach Anerkennung schaden Sie sich wirklich. Denn die Verantwortung für Ihr Leben überlassen Sie Ihren Eltern. Obwohl es Ihr Leben ist. Nehmen Sie Ihr Leben selbst in die Hand und verabschieden Sie sich von den überholten Wünschen oder Trotzreaktionen. Loben Sie sich lieber selbst für Dinge, die in Ihrem Leben sind und die Sie für gut halten. Gehen Sie Ihren eigenen Weg!

Ein erster Schritt auf diesem Weg könnte ein spannendes Rendezvous mit dem rebellischen Anteil in uns sein. Haben Sie Lust? Möchten Sie beispielsweise herausfinden, warum Sie selbstgesetzte Ziele trotz aller Bemühungen nicht erreichen? Oder warum Sie immer wieder in den gleichen Schlamassel geraten? Und haben Sie Mut, Selbstgespräche zu führen? Dann ist die folgende Übung bestimmt etwas für Sie:

Suchen Sie sich einen Raum, in dem Sie ungestört sind. Stellen Sie zwei Stühle gegenüber auf. Setzen Sie sich jetzt auf den einen Stuhl, schließen Sie die Augen und lassen Sie den angepassten Teil in sich zu Wort kommen. Sprechen Sie laut aus, was Sie aus dieser Perspektive immer schon einmal sagen wollten. Dann stehen Sie auf, setzen sich auf den anderen Stuhl und lassen Sie Ihren rebellischen Anteil antworten. Wiederum laut, sodass Sie sich selbst hören können. Führen Sie nun den sich entwickelnden Dialog, indem Sie – langsam – von Stuhl zu Stuhl wechseln. Sitzen Sie dabei möglichst entspannt und lassen Sie die Gedanken fließen. Versuchen Sie, sich beim Reden nicht zu kontrollieren – lassen Sie es »aus sich« reden.

Wenn Sie diese Übung zum ersten Mal machen, werden Sie sich vielleicht etwas merkwürdig vorkommen. Aber erstens sieht Sie ja niemand. Und zweitens können Sie zu wirklich aufschlussreichen Erkenntnissen kommen; das ist schon einen Versuch wert. Selbstgespräche sind übrigens nichts Krankhaftes, im Gegenteil, Psychologen halten sie für ausgesprochen gesund!

Sollte es beim ersten Mal nicht klappen, weil Sie zu verkrampft oder zu skeptisch sind – dann könnten Sie versuchen, Ihre Fähigkeit zu entspannen zu verbessern. Und es dann noch einmal probieren.

Lassen Sie sich »coachen«

Reicht Ihre Einbildungskraft nicht, um Ihre inneren Barrieren für ein Selbstgespräch zu überwinden? Auch gut. Sie brauchen vielleicht ein reales Gegenüber, um über sich selbst reflektieren zu können. Und hier beginnt für viele die Krux: Mit wem können wir ehrlich über unsere Ängste, Zweifel, Sehnsüchte sprechen? Und zwar so, dass es uns wirklich weiterbringt?

Kennen Sie das Wort »Coaching«? Damit bezeichnet man die Beratung, die sich Führungskräfte holen, um Entscheidungen zu reflektieren, ihre Führungsfähigkeiten zu optimieren und Prozesse zu verbessern. Aber auch immer mehr ganz »normale« Menschen lassen sich coachen, um Strategien zu entwickeln oder Klarheit in ihre Ziele und Perspektiven zu bringen. Versuchen Sie doch einmal, sich Ihr »Coaching« selbst zu organisieren. Suchen Sie sich Menschen, mit denen Sie sich regelmäßig treffen und mit denen Sie sich austauschen können – Freunde und Freundinnen, Kollegen, Nachbarn. Menschen, zu denen Sie Vertrauen haben und mit denen es Ihnen Spaß machen würde, über mehr als Alltagskram zu reden. Am Anfang kann es hilfreich sein, sich Themen zu stellen, um ins Gespräch zu kommen.

Ziel Ihrer regelmäßigen Treffen sollte es sein, dass Sie sich gegenseitig dazu ermuntern, über sich selbst und Ihr Leben nachzudenken, Muster zu erkennen, nach denen Sie leben. Sich gegenseitig Fragen zu stellen und auf die Antworten der anderen zu hören. Anregungen zu geben und aufzunehmen. Sich gegenseitig Mut zu machen und Enttäuschungen aufzufangen.

Manchmal kann allerdings ein Rückblick in die Kindheit, auf Ihre Verletzungen so schmerzhaft sein, dass Sie allein damit nicht fertig werden. Oder Sie sind vielleicht noch nicht soweit, Ihren Lebensweg, der in die falsche Richtung geht, abrupt zu ändern. Lassen Sie sich nicht drängen. Nehmen Sie sich Zeit. Oder suchen Sie sich fachliche Hilfe, etwa bei einer Therapeutin oder einem professionellen Coach.

Vorsicht vor falschen Freunden!

Lassen Sie mich noch ein paar Sätze zum Thema »Freunde« oder »falsche Freunde« sagen. Vorweg: Echte Freund/innen sind nicht mit Gold aufzuwiegen. Sie sollten sie suchen und pflegen. Aber legen Sie, wenn es um Entscheidungen geht, nicht alles Gewicht auf ihre Meinung. Ob es sich um Ihre neue Frisur handelt oder darum, ob Sie Ihren Job wechseln sollten, um Ehestreit oder Kindererziehung – die Meinung einer guten Freundin ist nie objektiv:

+ Sie möchte Ihnen nicht weh tun.
+ Sie sieht nur die eine – nämlich Ihre – Seite der Auseinandersetzung.
+ Sie steckt vielleicht in einer ähnlichen Situation und ist deshalb nicht unparteiisch.
+ Sie möchte, dass Sie so bleiben, wie Sie sind.

Menschen, mit denen wir nicht so vertraut sind, schaffen es deshalb oft besser, unsere Schilderungen objektiv anzuhören, uns mit kritischen Augen zu sehen und uns Mut zu etwas Neuem zu machen. Suchen Sie deshalb bei ernsthaften Problemen und Entscheidungen den Rat von Außenstehenden.

Erkennen und trennen Sie sich von »falschen« Freunden und Freundinnen. Das sind vor allem solche:

+ die Sie bremsen;
+ die Sie verunsichern;
+ die Ihnen ein schlechtes Gewissen einreden;
+ die Sie entmutigen;
+ die nur moralisieren;
+ die nur jammern;
+ die Sie runterziehen.

Sie kennen vielleicht die Situation: Sie sitzen mit ein paar Freundinnen zusammen, die Stimmung ist negativ. Die Frauen beklagen sich: Sie bekommen keine Chance, ihr Leben ist verpfuscht, alle sind gegen sie usw. usw … Auch wenn Sie vorher noch so gut gelaunt waren, wird Ihre Stimmung zwangsläufig umschlagen. Ich halte so etwas für absolut vernichtend und würde Ihnen raten, ein solches Beisammensein so schnell wie möglich zu verlassen, wenn nötig mit einer kleinen Notlüge. Ich selbst wäre nicht mehr bereit, mich auf ein solches Frauenelend einzulassen. Denn ich hege den Verdacht, dass manche Frauen nichts anderes damit bezwecken wollen, als mich auf ihre Ebene der vermeintlichen Hilflosigkeit, Chancenlosigkeit und Antriebsschwäche hinabzuziehen. Ich möchte Ihnen deshalb raten: Suchen Sie sich Freundinnen, die über sich und die Welt nachdenken, die etwas ändern wollen, aber auch Spaß verstehen, lachen, ihr Leben anpacken, über Schwächen schmunzeln können und Sie in Ihrer Lebensfreude bestärken. Denn das färbt ab!

Wie sieht denn eine selbstbewusste Frau aus?

»Zeichnen Sie doch mal eine selbstbewusste Frau«, fordere ich Seminarteilnehmerinnen manchmal auf. Das Bild ist immer das Gleiche: eine Frau im schicken Hosenanzug oder Kostüm, mit den Insignien der Macht ausgestattet: Handy, Laptop, teurer Schmuck. Eine Managerin.

Diese Antwort, mal abgesehen vom Klischee der Superfrau aus Werbung oder Zeitschriften, zeigt vor allem eins: Selbstbewusstsein assoziieren die meisten mit einer berufstätigen Frau. Ob »ganz normale« Angestellte, Hausfrauen oder Mütter Selbstbewusstsein brauchen, darüber denken wir gar nicht erst nach. Dabei haben sie es mindestens so nötig wie alle anderen. Denn Selbstbewusstsein braucht nun einmal das Feedback von außen, die Anerkennung, das Wahrgenommenwerden, ja das Gefühl von Wichtigkeit. Lassen Sie sich nichts anderes einreden, so nach dem Motto:»Selbstbewusstsein muss in mir selbst angelegt sein, ich muss mich unabhängig von dem Urteil anderer machen.« Schöne Theorie. Die Praxis zeigt, dass wir uns erst im Austausch mit anderen sehen und erkennen.

Das wird erklärbar, wenn wir uns anschauen, woraus sich dieses Gefühl unter anderem speist: Erfolge aus der eigenen

Arbeit und der Wertschätzung anderer. Und an beidem mangelt es häufig den Menschen. In Unternehmen wird ihnen immer öfter deutlich gemacht: Du bist nicht wichtig, wir werden auch dich bald wegrationalisieren. Und der Status von Hausfrauen ist bestenfalls: nicht wahrgenommen zu werden oder als Sündenziegen herhalten zu müssen, wenn mit den Kindern etwas nicht stimmt. Wo finden wir eigentlich das große Thema der abwesenden Väter? Sehen Sie.

Kann ein blitzender Fußboden oder ein gelungener Pudding wirklich glücklich machen? Außer der dumm lächelnden Fernsehfee, die ein Verhältnis mit Meister Proper hat, glaubt das wohl keine Frau. Außerdem hat dieses Pseudo-Glück den Nachteil, dass die Arbeit in Bälde wieder zunichte gemacht wird und von vorne anfängt.

Kann eine Mutter ihre Zufriedenheit auf die Einser im Zeugnis ihrer Kinder stützen? Auf den doppelten Rittberger oder den Gewinn im Tennis-Zwergerl-Turnier ihres Nachwuchses? Eine fragwürdige Befriedigung. Es sollte sich herumgesprochen haben, dass Kinder eine eigenständige Persönlichkeit haben und Leistungen zuallererst einmal ihre Leistungen sind. Es ist also gar nicht so einfach, das eigene Selbstbewusstsein zu erhalten oder zu stärken, wenn die eigene Leistung schwer zu definieren ist.

Sehr erfrischend ist mir allerdings in diesem Zusammenhang ein Werbespot aufgefallen, in dem eine Frau in einer größeren Gesellschaft gefragt wird, was sie denn so beruflich mache. Ihre selbstbewusste Antwort sollte viele Nachahmerinnen finden. Sie sagt nämlich stolz ihrem etwas zickigen Gegenüber ins Gesicht: »Ich führe ein kleines erfolgreiches Familienunternehmen.« Probieren Sie das doch auch einmal aus! Denn bei dem, was eine Frau mit Kindern und Haushalt an Organisations- und logistischer Arbeit zu tun hat, kann sich so mancher erfolgreiche Mann verstecken. Oder? Wir müssen es nur selbst auch so sehen und können das auch ruhig mal für uns einfordern.

Das »erfolgreiche Familienunternehmen« statt »Nur-Hausfrau«

Damit kommen wir zum zweiten Punkt: der Anerkennung und Wertschätzung. »Mutter ist die Beste« – außer diesem gestickten Küchenspruch erlebt eine Hausfrau im täglichen Leben wenig davon. Die mehrdeutigen Komplimente gestresster Ehemänner: »Was würde ich ohne dich nur tun?« provozieren doch nur noch Antworten wie »Dann müsste wohl wieder deine Mama für dich sorgen«. Das böse Wort von der »Nur-Hausfrau« kommt nicht von ungefähr.

Das alles legt den Schluss nahe: Gerade Frauen, die zu Hause bleiben, Kinder und Haushalt versorgen, haben oft einen enormen Nachholbedarf, was ihr Selbstwertgefühl betrifft. Und sie müssen sich weitgehend auf sich selbst stützen.

Genauso wichtig wie eine Karriereplanung für Aufsteigerinnen ist es deshalb für Mütter, ihr Lebensziel genau zu definieren. Etwa so: »Ich habe mich entschlossen, zu Hause zu bleiben, weil ich mit meinen Kindern zusammensein möchte.« Oder: »Ich meine, kleine Kinder brauchen ihre Mutter. Deswegen ist dies für die nächsten Jahre mein wichtiger und richtiger Beruf.« (Welche finanziellen Risiken Sie damit eingehen und wie Sie sie in den Griff bekommen können, lesen Sie im Kapitel »Meine Finanzen stimmen!«.)

Lassen Sie sich nicht einreden, dass Sie als Familienfrau weniger wert sind. Nur weil Sie für Ihren Knochenjob kein Gehalt beziehen – schlimm genug! Genießen Sie die Jahre mit Ihren Kindern. Machen Sie einen Job daraus. Und glauben Sie niemandem, der Ihnen einreden will, dass Sie von Ihrem Mann »versorgt« werden. Und damit jeden Abend hübsch »danke« sagen müssen.

Und vor allem: Vergessen Sie sich selbst nicht darüber! Tun Sie alles, was während dieser Zeit nur möglich ist, um den Kontakt zur Außenwelt zu halten. Ja, es gibt ein Leben jenseits der Wohnungstür! Gewöhnen Sie Ihren Mann und Ihre

Kinder daran, dass Sie nicht immer verfügbar sind, dass Sie noch andere Interessen pflegen. Halten Sie Kontakt zu Ihrer Firma oder setzen Sie auf Weiterbildung. Und vertrauen Sie darauf, dass die Jahre mit Ihren Kindern ein unendlicher Gewinn für Sie sein werden.

Überprüfen Sie dabei regelmäßig, ob es sich wirklich (noch) um Ihr eigenes Ziel und die eigene Entscheidung handelt oder ob Sie nur den Vorstellungen oder Normen von anderen folgen. Ich bewundere die Frau, die für sich sagen kann »Jawohl, ich bin gern zu Hause, ich kenne den Wert meiner Arbeit und lebe meine Entscheidung selbstbewusst!«, genauso wie jene, die sich entschieden hat »Ich sehe eigene Kinder nicht als etwas Unabdingbares an. In mein Lebenskonzept passen sie nicht. Mein Ehrgeiz gilt meinem Beruf!«

Margot B., 32 Jahre alt, Mutter eines Sohnes, hat für sich die Formel ihres Selbstbewusstseins gefunden: »Jahre meines Lebens war meine größte Angst, dass mein Freund, das heißt mein jetziger Mann, mich verlassen könnte. Durch die Geburt meines Kindes und durch meine persönliche Entwicklung der letzten Jahre weiß ich: Ich könnte auch gut alleine leben. Dieser Gedanke ist keine Bedrohung mehr für mich. Seitdem kann ich das Leben mit meinem Mann bewusst genießen.«

Sind Sie eine »Eigentlich«-Frau?

Jede Entscheidung über mein Leben ist okay. Wenn es sich wirklich um eine solche handelt. Aber leider gibt es meiner Erfahrung nach viel zu viele »Eigentlich«-Frauen, die ein »Eigentlich«-Leben führen. Kennen Sie auch solche Frauen, die »eigentlich« auch trotz Kinder gern weiterarbeiten würden, wenigstens Teilzeit, aber:

+ Der Ehemann möchte das nicht.
+ Es gibt keine Teilzeitjobs in ihrer Gegend.
+ Sie finden keinen Kindergartenplatz für ihr Kind.
+ Das tut man in ihren Kreisen nicht.
+ Sie trauen sich nicht.

Oder Frauen, die total unglücklich in ihrem Job sind, aber es ja »eigentlich« noch ganz gut haben und doch »eigentlich« zufrieden sein müssten, vor allem in »diesen Zeiten«! Denn:
+ Sie wissen ja nicht, ob es woanders besser wäre.
+ Sie müssten ja ein Risiko eingehen.
+ Sie müssten sich bewegen.
+ Es gibt ja keine Garantie.
+ Und so schlimm ist es dann ja auch nicht.

Und eigentlich ist es ja auch ganz bequem! Damit kommen wir zu dem nächsten »Selbst«-Wort, das ich als enorm wichtig für unser persönliches Glück einstufe: die Selbstüberwindung. Solange Frauen in der Opferrolle verharren, sich einreden, sie könnten ja daran nichts ändern – »So isses nun mal!« –, solange werden sie ein eingeschränktes, fremdbestimmtes Leben führen. Der Zusammenhang zwischen mangelnder Selbstbestimmung und fehlendem Selbstbewusstsein ist nun einmal zwingend. Wer nach wie vor die Hoffnung auf den Prinzen hegt, der das Dornröschen endlich wachküsst, es auf sein Pferd und mit in sein Schloss nimmt, muss wissen: Es bleibt sein Pferd und sein Schloss. Und vielleicht entpuppt er sich bei genauerem Hinsehen doch nur als verkleideter Frosch.

Diese unentschiedene Situation zu verlassen bedeutet: Unglücklichsein lässt sich überwinden. Vielleicht sind Sie gar nicht so abhängig, wie Sie immer glauben! Vorurteile lassen sich überwinden. Schwierigkeiten lassen sich überwinden. Wenn Sie es wirklich wollen! Maulen gilt nicht.

Schön, schöner, am schönsten!

Es bleibt noch ein »Selbst«-Begriff, den ich in diesem Kapitel behandeln möchte, und er liegt mir besonders am Herzen: Es ist die »Selbstachtung«. Ich habe am Anfang des Kapitels beschrieben, mit welcher Verachtung manche Frauen sich selbst sehen – und dabei besonders ihren Körper. In ihrem nach wie vor aktuellen, 1990 veröffentlichten Buch »The Beauty Myth«, das bei uns als »Der Mythos Schönheit« erschienen ist, entlarvt die Amerikanerin Naomi Wolf in erschreckender, aber überzeugender Weise den aktuellen Schönheits- und Schlankheitskult als das Mittel der Gegenwart, um Frauen zu schwächen. Die dabei eingesetzten Methoden sind subtil und in ihren psychischen und physischen Auswirkungen äußerst gefährlich. Sie gleichen den Methoden von Sekten, die ihre Anhänger durch Angst in Abhängigkeit zu halten versuchen, indem sie das Gefühl ständigen Ungenügens und Versagens erzeugen: »Zu dick, zu alt, zu dünn, zu groß, zu klein. Die Nase zu breit, der Busen zu klein, der Busen zu groß. Die Beine zu behaart, die Stirn zu faltig.« Das sind die Sünden unserer Zeit, für die Frauen ständig um Ablass zu betteln haben. Nach den Moralaposteln der 50er-Jahre, die uns die Sexualität vergällen wollten, quälen uns heute die Schönheitsapostel mit ihren Ge- und Verboten, mit ihrem unsinnigen Gewäsch vom »Idealgewicht«, von der Normfigur, vom Normgesicht. (Wussten Sie eigentlich, dass eine der sinnlichsten Frauen, Marilyn Monroe, eine satte Größe 42 trug? In Zeiten der heutigen Mager-Models völlig undenkbar!)

Und sie machen Geschäfte mit unserer »Normabweichung«! Ein Vermögen geben Frauen jedes Jahr für Wässerchen und Cremes, für Tinkturen und Ampullen aus, von denen die Industrie verspricht, dass sie die »Mängel« der Frauen lindern können.

Aber nicht nur das. Die Bereitschaft von Frauen, ja von immer jüngeren Mädchen, sich von einem Schönheitschirurgen unter höchstem gesundheitlichen Risiko auf das vermeintliche Idealmaß zurechtschnipseln zu lassen, wächst (Milliarden werden damit gescheffelt!). Die Bereitschaft, den verhassten Körper durch gesundheitsschädigende Methoden wie Hitze, Kälte, Hungern oder auslaugende Sportarten zu überfordern, ebenfalls. Katastrophale Essstörungen wie Bulimie oder Magersucht bringen schon junge Mädchen in lebensgefährliche Situationen. Suchtartige Abhängigkeiten von Appetitzüglern oder Abführmitteln gehören ebenfalls zum Gefolge von Selbsthass und Selbstzerstörung.

Frauen haben Bäuche!

Diese Überschrift entdeckte ich vor langer Zeit in der amerikanischen COSMOPOLITAN und habe sie nie mehr vergessen. Ich musste zweimal hinschauen, um zu begreifen, was ich da las. Und dann musste ich immer wieder hinschauen, weil ich diese – eigentlich selbstverständliche – Botschaft einfach umwerfend fand. Jawohl, Frauen haben Bäuche!

Sie haben einen Bauch, weil die Natur sie damit ausgestattet hat. Sie haben einen Bauch, weil sie die biologische Möglichkeit haben, ein Kind darin auszutragen. Sie haben einen Bauch, Halleluja, und sie denken mit dem Bauch und sie fühlen mit dem Bauch. Ihre Sinnlichkeit kreist um ihren Bauch. Und wenn sie dies nicht mehr tut, tun Frauen mir leid.

Warum hassen wir dann unseren Bauch? Die Bestseller-Autorin Colette Dowling hat es so ausgedrückt: »Die Frauen von heute sind die erste Generation, von der erwartet wird, dass sie wie ihr Vater werden und nicht mehr wie ihre Mutter.« Da sind wir wieder – beim männlichen Prinzip.

Verfolgen wir die Entwicklung der Mode der letzten 30 Jahre (unbestritten ganz überwiegend von Männern geprägt), dann wird für mich der Frauenhass, der darin steckt, überdeutlich: Der Trend geht zur immer knabenhafteren schmaleren Figur

– jedenfalls was den Bauch und die Hüften angeht (beim Busen wogt die Mode mal hin und mal her).

Frauen dürfen keinen Bauch mehr haben! Statt dem marternden Fischbeinkorsett unserer Großmütter unterwerfen wir uns heute dem inneren Korsett aus Hungern und Bodybuilding. Vielleicht werden Sie mir Verfolgungswahn unterstellen, aber ich glaube einfach, dass Männer dieses provokante Merkmal Bauch nicht mehr sehen wollen, welches sie daran erinnert, dass es die Frauen sind, die über die sensationelle Fähigkeit verfügen, Leben zu tragen und zu gebären. Eine der faszinierendsten Frauen, die ich jemals traf, ist Anita Roddick, die Gründerin des »Body Shop«. Sie prägte einmal den wunderbaren Spruch »Drei Milliarden Frauen möchten aussehen wie Supermodels, nur acht sehen so aus.« Aber alle, alle wünschen es sich. Ich empfehle Ihnen eine kleine Selbsttherapie: Schauen Sie sich die glamourösen Fotos der Schönen und Dünnen in den Hochglanzmagazinen einmal mit der Lupe an. Achten Sie auf die Falten, die die Haut um knochige Gelenke schlägt, auf Knochen, die wie bei Hungeropfern aus Schultern und Hüften stechen. Auf die sonnenbankgestählten Falten in den Gesichtern der Älteren, denen drei Kilo mehr so guttun würden.

Selbstachtung kontra Selbstkasteiung

Frauen haben einen Bauch. Frauen haben gerade oder krumme Beine. Runde Waden oder keine. Frauen haben Haare unter den Achseln. Frauen haben eine schmale oder eine breite Oberlippe, dicke Oberarme oder dünne. Frauen sind so geboren!!! Jede einzelne Frau ist nach einem einzigartigen Plan konstruiert, sie ist das Ergebnis einer Verschmelzung von verschiedenen Chromosomen. Sie ist unverwechselbar sie!

Hören wir doch endlich auf, uns auf Barbiepuppen-Niveau

klonen zu wollen. Wir zahlen einen verheerenden Preis: Wir riskieren unsere Gesundheit, vergeuden Abertausende von Euro (die wir vielleicht lieber in unsere Altersversorgung stecken sollten), verplempern unzählige Stunden unseres Lebens, in denen wir gerade Besseres zu tun hätten, zum Beispiel mit Freunden zusammenzusitzen, zu lesen oder mal wieder richtig auszuschlafen. Und wir beschneiden unsere Lebenszufriedenheit durch ständige Selbstkritik.

Um nicht missverstanden zu werden: Ich bin sehr dafür, mich zu pflegen, mir ein duftendes Schaumbad zu gönnen, mich den streichelnden Händen einer Kosmetikerin hinzugeben und mich zu besonderen Gelegenheiten besonders schön zu machen. Weil ich Spaß daran habe, weil es meine Sinne betört, weil ich mich ausprobieren will. Tun wir all diese schönen Dinge doch, weil wir uns selbst achten. Weil wir unseren Körper als Verbündeten ansehen, dem wir Gutes tun wollen, und nicht als Feind, den wir bekämpfen!

Dieser Grundsatz beinhaltet auch, dass ich versuche, meinem Körper Gesundheit zu geben oder zu erhalten. Wenn ich ihn achte, dann versuche ich, ihm die Nährstoffe zu geben, die er braucht, um möglichst harmonisch zu funktionieren. Ballaststoffe, die den Darm gesund und damit mein Immunsystem in Ordnung halten. Also »Health food« statt Diät, heißt die Devise, überlegtes Essen statt Hunger-und-Fress-Extreme.

Hungerkuren lassen sich gleichsetzen mit Aggressivität, Strafe, Selbstzerstörung, Körperfeindlichkeit, Hass. Essen aus Spaß bedeutet pfleglichen Umgang mit sich selbst, Belohnung, Genuss, Zärtlichkeit! Das heißt nicht, dass wir alle fett sein müssen, um glücklich zu sein. Nein, manchmal weist Übergewicht ebenfalls auf Unglücklichsein hin. Oder auf Trotz. Ich weiß, wovon ich rede. Auch hier heißt es: Verantwortung für mich und meine Gesundheit zu übernehmen.

Dazu gehört meiner Meinung nach auch, dem Körper so wenig Gifte wie möglich zuzuführen: Beim Einkaufen lieber mehr Geld für gesunde Lebensmittel auszugeben ist wichtiger, als es in die neue Nachtcreme mit Collagen-Nutren-Wunder-Körnchen zu investieren. Und meine Geschmacksnerven mit kleinen Köstlichkeiten zu füttern ist besser, als mich mit Nikotin und/oder Alkohol zu schwächen. Abhängigkeit – wovon auch immer – macht unfrei.

Mich zu achten und zu pflegen – dazu gehört aber auch, zu entdecken, wonach ich wirklich »hungere«, wenn ich meinen Körper mit überflüssiger Nahrung vollstopfe. Was fehlt mir in meinem Leben, wofür muss ich mich oral entschädigen?

Frauen, die sich als ungenügend empfinden, ja hassen, halten sich zurück: im Büro, in der Öffentlichkeit, im Bett. Und sie bringen sich damit um so viele wunderbare Erlebnisse: Freude, Erfolg, Einfluss, Freundschaften, sexuelle Lust, Befriedigung.

Ich glaube, viele Frauen müssen eine neue Freundschaft zu ihrem Körper und ihrem Wohlergehen aufbauen. Dann schließt sich der Kreis: Selbstachtung, Selbstüberwindung, Selbstbewusstsein, Selbstvertrauen! Frauen, die es allein nicht schaffen, ihr gestörtes Essverhalten zu ändern, sollten sich Hilfe suchen, in einer Therapie oder einer Selbsthilfegruppe, die es inzwischen in fast jeder größeren Stadt gibt.

Ich verrate Ihnen kein Geheimnis, wenn ich Ihnen erzähle, dass auch ich erst vor kurzem aus dem Teufelskreis der Diäten und einer anschließenden heftigen Trotzphase ausgestiegen bin. Mit 13 machte ich meine erste Diät: eine Eierkur zusammen mit meiner Mutter (wie man heute weiß, eine der gefährlichsten Hungerkuren überhaupt!). Dann folgten über die Jahre in regelmäßigen Abständen Sauerkraut- und Wiener-Wurst-Kuren, Nulldiät und Saftkuren, Atkins und die New-York-Diät, die Ananas- Enzym-Diät und diese Kur mit den ekelhaften Schlank-Drinks. Ich offenbarte mich den Weight Watchers, fastete über Wochen und ließ mir Akupunkturnadeln ins Ohr schießen. Ich kann Ihnen die Kalorienzahlen von A wie Apfel bis Z wie Zucchini herunterbeten.

Wenn Sie Fragen zu Diäten haben, fragen Sie mich. Ich werde Ihnen antworten: Als ich mit Diäten anfing, wog ich 60 Kilo, als ich endlich damit aufhörte, waren es über 100!

Leuten, die mir etwas von der »Willensschwäche« der Dicken erzählen wollen, lache ich ins Gesicht: Willensschwäche? Ha! Ich habe schon dreimal so viel abgenommen, wie ich überhaupt wiege. Aber das ist eben die Krux: »Diäten machen dick!« Wissenschaftlich ist das längst bewiesen. Auch wenn die Geschäftemacherei mit dem Abnehmen weitergeht.

Ich kam durch die Beschäftigung mit mir selbst irgendwann an den Punkt zu sagen: Ich habe die herrlichsten Kinder, ich bin erfolgreich in meinem Beruf – warum um alles in der Welt muss ich auch noch aussehen wie Claudia Schiffer!? Ich habe mir geschworen, nie wieder eine Diät zu machen!

An sich ein wunderbarer Entschluss, führte mich aber leider in eine nicht ungefährliche Trotzphase: Ihr wollt mich schlank? Ne, denkste. Ihr sagt, nur Schlanke können erfolgreich sein? Ich beweise euch das Gegenteil. Und aus Trotz legte ich viele Jahre noch einmal zu. Bis ich merkte: Hey, ich bin total unfit, ich schleppe einfach viel zu viel Ballast mit mir herum. Ich bin in Gefahr. Und endlich, nach Jahren wurde mir klar: Nur ich trage die Verantwortung für mein Gewicht, mein Wohlergehen. Ich »bestrafe« niemand anderen damit, wenn ich übergewichtig bin, nur mich selbst. Und ich veränderte mein Leben erneut.

Ich lege mehr Wert auf »Quality food«, frische, appetitliche Nahrungsmittel, die meinem Körper das geben, was er braucht. Aber ich werde mir nie wieder ein Stück Schokolade »verbieten«! Und ich habe in der Arbeit mit einer Therapeutin herausgefunden, was ich in meinem Leben ändern kann, um noch zufriedener zu werden, um mehr »Profil« zu zeigen.

Es ist nicht ganz einfach, sich mit dem wahren Ich zu arrangieren, das gebe ich gern zu. Und ich bin immer noch anfällig. Nach einem Vortrag, den ich vor längerer Zeit, in einer Türöffnung stehend, gehalten hatte, meinte eine Frau anerkennend: »Es war ein schönes Bild, wie Sie diesen Rahmen ausgefüllt haben.« Ich wäre beinahe gestorben vor Scham. Was sie wirklich bewundernd meinte, traf mich in meinem Ich-weiß-ich-bin-dick-Ohr. Und ich konnte das Kompliment als solches kaum erkennen. Aber ich lerne dazu und heute kann ich über diese Geschichte schon lachen.

Haben Sie sich entschlossen, Ihrem Selbstvertrauen etwas Gutes zu tun? Dann suchen Sie sich doch aus den folgenden Übungen heraus, was Sie gerade jetzt gebrauchen können, worauf Sie Lust haben und was Sie stärken kann. Im nächsten Kapitel geht es dann darum, wie Sie Ihre Stärke zeigen können: im Alltag, auf der Rednerbühne und beim täglichen Durchsetzungstraining am Arbeitsplatz.

Selbstbewusstsein und Selbstbestimmung – Praktische Übungen

Übung 1: Die Checkliste zur Selbstbestimmung

So können Sie sich besser kennenlernen. Folgen Sie den vier Schritten und notieren Sie die Ergebnisse.

1. Ziehen Sie Bilanz.

+ Was hat mich geprägt, gefördert, eingeengt?

2. Sehen Sie Ihre Talente.

+ Was kann ich? Was macht mir Spaß? Was interessiert mich?

3. Erkennen Sie Ihre Prioritäten.

+ Welche Rolle spielt für mich der Beruf? Welche die Familie?

4. Definieren Sie Ihr Lebensziel.

✤ Wie sieht für mich »Erfolg« aus? Was bedeutet für mich Glück?

Mit dieser Übung können Sie überflüssigen Ballast über Bord werfen. Hemmendes überwinden. Neues dagegensetzen. Erkennen, was gut war und förderlich. Bewährtes erhalten. Guten Weggefährten trauen. Auf die eigene Kraft bauen. Die eigene Lebendigkeit, die Freude, den Trotz, den Mut, den Zorn in Ihrem Leben wiedererkennen.

Wenn Sie den Ist-Zustand Ihres Bewusstseins festgehalten haben, können Sie nach und nach überprüfen, welche Ihrer Handlungsweisen und Entscheidungen damit übereinstimmen, oder wo und wie Sie Ihren Prinzipien näherkommen könnten.

Übung 2: Ihre Lebenslinie

Sie sind bis heute _____ Jahre auf dieser Erde. Überdenken Sie die Vergangenheit. Zeichnen Sie Ihre Lebenslinie (ein Muster dazu finden Sie auf der nächsten Seite).

✤ Wo gab es entscheidende Zäsuren?
✤ Was fällt Ihnen spontan zu jedem Lebensabschnitt ein?
✤ Wo waren Sie?
✤ Wie haben Sie sich gefühlt?
✤ Was war Ihnen damals sehr wichtig?

Hinweis zum Aufzeichnen: Machen Sie sich keinen Stress. Was Ihnen spontan einfällt, ist das Wichtige. Suchen Sie nach Ausdrucksformen, um das darzustellen, was Ihnen einfällt. Symbole wie Blumen, Teddybären, Sonnen etc. für positive Erinnerungen, Blitze, Regenwolken, Paragraphenzeichen etc. für negative.

Schauen Sie danach, wann Ihre Erwachsenenzeit begann. Und danach, wo Sie heute stehen. Spüren Sie den Erinnerungen nach und lassen Sie die dazugehörenden Gefühle auf sich wirken.

Lebenslinie – Partnerübung

Wenn wir unser Leben in Worte fassen, wird uns selbst oft erst die Bedeutung unserer Erinnerungen bewusst. Wenn wir Gedanken laut aussprechen, hören wir manchmal selbst erst auf sie und sie bekommen das richtige Gewicht.

Suchen Sie sich deshalb eine Partnerin, mit der Sie Ihre Lebenslinie besprechen, eine Freundin, eine Frau, die Sie interessant genug finden, um mit ihr über so etwas Wichtiges wie Ihr Leben sprechen zu wollen.

Sie haben 20 Minuten, um im Zeitraffer über sich und die gewählten Symbole zu erzählen.

Ihre Partnerin hört währenddessen nur zu, um Ihren Gedankenfluss nicht zu stören. Sie unterbricht Sie nicht, stellt keine Fragen und gibt vor allem keine Kommentare.

Erst wenn Sie fertig sind, gibt sie Ihnen ein Feedback – was ihr aufgefallen ist und wie sie Sie beim Erzählen erlebt hat.

Beispiel für eine Lebenslinie:

Kindheit
Studium

Verlassen des
Elternhauses
Abbruch einer
Freundschaft

Beruf Heirat Kind

Wiedereintritt
in den Beruf

Platz für Ihre Lebenslinie:

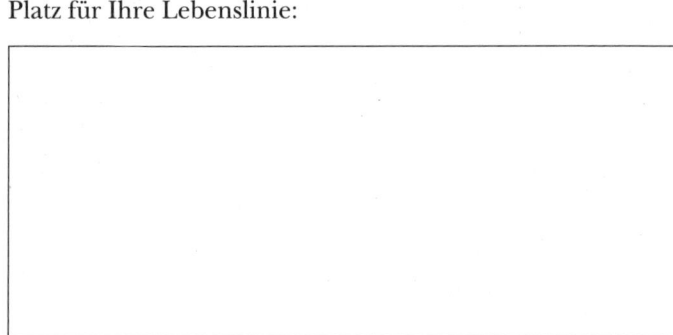

Übung 3: Sätze Ihrer Kindheit

Wir alle sind mit bestimmten »Merksätzen« großgeworden,
die unser Leben bis heute prägen. Welche Sätze klingen Ihnen noch im Ohr, wenn Sie sich an Ihre Kindheit erinnern?
Wer hat sie ausgesprochen und was glauben Sie, warum?

Bitte listen Sie hier diese Sätze auf und überlegen Sie anschließend, welche Wirkung sie heute noch haben.

Ein Beispiel: »Aus dir wird nie etwas!« Dieser Satz kann in
Ihnen weiterwirken, a) indem er Sie anspornt zu beweisen,
was in Ihnen steckt, oder b) Ihnen den Mut nimmt, irgendein
großes Ziel überhaupt anzusteuern.

Überlegen Sie anschließend, wie Sie diese Sätze positiv
umformulieren können. Schaffen Sie sich also Ihre eigenen
Merksätze, Ihr eigenes »Gegengift«!

Merksatz	Wirkung	Gegengift
Eigenlob stinkt	Ich kann nicht zeigen, was in mir steckt	Eigenlob stimmt?

Übung 4: Ziele durch Visionen

Sie haben in sich hineingehorcht, haben herausgefunden, nach welchen Mechanismen Sie handeln und reagieren. Jetzt kann sich Ihr Blick nach vorne richten. Wenn Sie beschlossen haben, in Ihrem Leben mehr die eigene Musik spielen zu lassen, sprich, selbstbestimmter und selbstverantwortlich zu entscheiden und zu handeln, kann eine Vision Ihnen dabei helfen.

Eine Vision ist ein plastisches Bild von der Zukunft, so wie sie Ihren Wünschen nach aussehen soll. Solch eine Vision wirkt wie eine sich selbsterfüllende Prophezeiung. Sie kennen das sicher selbst: Wenn Sie sich einreden »Das geht sowieso schief«, ist die Chance sehr groß, dass Ihr Vorhaben tatsächlich scheitert. Positiv funktioniert es aber genauso: Sehen Sie den Erfolg Ihrer Bemühungen vor sich, dann ist die Wahrscheinlichkeit groß, dass Sie ihn auch tatsächlich erringen. Woran liegt das?

* Haben Sie eine deutliche Vision, dann sind Sie stärker motiviert, Sie haben Ihr Ziel vor Augen und tun alles, um es auch zu erreichen.

* Ihre Antennen sind auf das Ziel gerichtet, deshalb nehmen Sie Informationen, die Sie dorthin führen, besser wahr.

* Sie können mit Hindernissen besser umgehen, da Sie darüber Ihren Weg nicht aus den Augen verlieren.

* Sie können besser Prioritäten setzen, Wichtiges von Unwichtigem unterscheiden und Ihre Kraft sinnvoll einsetzen.

* Sie strahlen Ihre Begeisterung für Ihr Ziel aus und können somit auch andere Menschen leichter mitreißen.

* Sie können Ihr Unterbewusstsein auf Ihr Ziel hin aktivieren.

Aber wie schaffen Sie es, sich solch eine positive Vision zu entwickeln?

Nehmen wir an, Ihr Ziel ist es, in Zukunft stärker aufzutreten und souverän mit Menschen umzugehen. Dann können Sie eine Vision davon entwickeln. Das geht so:

Suchen Sie sich einen ruhigen Ort, an dem Sie ungestört sind. Setzen Sie sich entspannt hin und schließen Sie die Augen. Sie sehen sich selbst, drei Jahre sind vergangen. Sie sind sehr erfolgreich und selbstbewusst.

- Wo sehen Sie sich?
- Wie sind Sie gekleidet?
- Mit wem sind Sie zusammen?
- Was tun Sie?
- Wie fühlen Sie sich dabei?
- Wie reden Sie mit den anderen Menschen, die bei Ihnen sind?
- Wie reden diese Menschen mit Ihnen?
- Sie fällen Entscheidungen. Sehr bestimmt. Was ist das für ein Gefühl?
- Sie schauen aus dem Fenster: Wohin blicken Sie?
- Sie verlassen Ihren Arbeitsraum. Was steht auf dem Türschild?
- Sie werden von jemandem abgeholt. Wer ist es?
- Sie bestimmen, wohin Sie gehen. Wohin gehen Sie?
- Sie entspannen sich. Was tun Sie?

Zur technischen Umsetzung dieser Übung: Sie können die Fragen vorher sehr langsam mit längeren Pausen auf eine Kassette sprechen und sie abspielen, während Sie sich konzentrieren. Oder Sie bitten eine Person Ihres Vertrauens, Ihnen die Fragen langsam vorzulesen.

Erzählen Sie ihr nach Ihrer Visionsreise, was Sie gesehen und gefühlt haben, oder schreiben Sie es gleich nieder. Erinnern Sie sich immer wieder an das positive Gefühl von Stärke und Selbstbestimmung!

Haben Sie Probleme damit, sich wirklich zu entspannen und Ihrer Phantasie Flügel zu verleihen, trainieren Sie Ihre Entspannungsfähigkeit und versuchen Sie es später noch einmal.

Übung 5: Die Kraft des positiven Denkens

Nutzen Sie diese Kraft. Positives Denken ist keine schwarze Magie und es hat nichts mit Schönreden zu tun, sondern mit einer Verstärkung Ihres positiven Selbstbildes.

Diese vier Sätze können Sie sich regelmäßig einprägen:

1. Ich bin einzigartig!
Niemand sonst hat meine Gedanken, meine Ideen oder meine Art, mit Dingen umzugehen.

Ich genieße, dass ich lebe und dass ich ich selber bin.

2. Ich bestimme meinen Lebensweg selbst!
Wir vergessen oft, dass uns das Leben zahllose Möglichkeiten und Chancen zur freien Wahl offenhält.

✦ Ich kann Sprachen lernen.
✦ Ich kann ein Musikinstrument lernen.
✦ Ich kann meinen Beruf wechseln.
✦ Ich kann die unterschiedlichsten Projekte beginnen.
✦ Ich muss nur wissen, was der »Preis« meiner Entscheidung ist.

3. Ich habe Kraft!
Jeder Tag meines Lebens beginnt damit, dass ich mit einer positiven Kraft aufwache. Diese Kraft gibt mir die Fähigkeit, meine Gedanken selbst zu wählen. Niemand schreibt mir vor, was oder wie ich zu denken habe. Ich kann jeden Bereich meines Lebens gestalten und auf- und ausbauen.

4. Ich werde genau das werden, was ich ständig über mich denke!

Ängstliche Gedanken schaffen ängstliche, zuversichtliche Gedanken schaffen zuversichtliche Menschen. Liebevolle Gedanken schaffen eine liebevolle, erfolgreiche Gedanken schaffen eine erfolgreiche Person. Ich habe die Wahl!

Übung 6: Wen mag ich warum?

Schreiben Sie in die untenstehende Liste fünf Menschen auf, die Sie besonders gern mögen. Schreiben Sie neben jeden Namen drei Eigenschaften, die diesen Menschen für Sie liebenswert machen.

Name	Ich mag sie/ ihn, weil		
	1.	2.	3.

Prüfen Sie hinterher, wie oft Sie »schön« oder »schlank« oder andere das Aussehen betreffende Eigenschaften notiert haben.

Ziehen Sie Ihre Schlüsse daraus. Wie wichtig oder unwichtig ist Ihnen, ist allgemein das Aussehen dieser Personen? Und was bedeutet das für Ihr eigenes Aussehen?

Übung 7: Meine Wünsche, meine Sehnsüchte, meine Werte

Stellen Sie sich vor, Sie erhalten ein Stipendium über 100 000 Euro. Einzige Bedingung: Sie müssen das Geld in einem Jahr ausschließlich für Ihre persönliche Entwicklung verbrauchen.

Schreiben Sie auf:

+ Wofür geben Sie das Geld gern aus?
+ Was wollten Sie schon lange einmal für sich tun?
+ Welche Kurse würden Sie belegen?
+ Welche Reisen würden Sie machen?
+ Welche Bücher würden Sie lesen?
+ Welches Abonnement würden Sie sich kaufen?
+ Was würden Sie an Ihrem Outfit verändern?
+ Welche Feste würden Sie feiern?
+ Welche Leute würden Sie kennenlernen wollen?

Stellen Sie sich vor: Wie sehen Sie nach dem Jahr aus? Wie treten Sie auf? Worüber reden Sie? Wie tun Sie das?

Überlegen Sie nun: Was kann ich von meinen Sehnsüchten und Wünschen realisieren – unabhängig von einem solchen Stipendium (das leider niemand vergibt, sorry)?

Übung 8: Meine Kraftquellen

Nehmen Sie sich 20 Minuten Zeit und stellen Sie sich vor, Sie hätten einen ganzen Tag Gelegenheit, etwas für sich zu tun, nur für sich!

Entspannen Sie sich, schließen Sie die Augen.

Was für Bilder steigen auf?

In welcher Situation fühlen Sie sich wirklich wohlig entspannt und locker?

Was tun Sie? Sind Sie allein? Ist jemand in Ihrer Nähe?

Halten Sie das Ergebnis schriftlich, am einfachsten symbolisch fest. Sie erhalten so einen wunderbaren Überblick, aus welchen Quellen Sie Ihre Kraft schöpfen. Und welche Sie deshalb gezielt und häufig nutzen sollten.

Hier ein paar Beispiele zum besseren Verständnis. Wie gesagt, Ihre Symbole können ganz anders aussehen.

Übung 9: Commitment – die Selbstverpflichtung

Sie haben entschieden, in Ihrem Leben etwas zu ändern, fürchten aber, dass Sie es nicht durchhalten werden? Sie sind nur sich selbst verantwortlich, deshalb rate ich Ihnen: Schließen Sie mit sich selbst eine Verpflichtung ab. Prüfen Sie nach einer bestimmten Frist, ob Sie sie eingehalten oder sich Ihrem Ziel zumindest genähert haben. Und gönnen Sie sich dann eine attraktive Belohnung.

Verpflichtung

Ich verpflichte mich,

_____

_____

_____

_____

_____

Am _____ werde ich eine erste Bilanz ziehen und sehen, was ich bereits umgesetzt habe.

Wenn ich mein Ziel erreicht habe, gönne ich mir als Belohnung:

_____

_____

_____

....

Ort, Datum   Unterschrift

»Ich bin stark!«

Die unsichtbare Frau?

Wo sind die Frauen? Wo stehen wir? Ausnahmefrauen wie Angela Merkel oder Liz Mohn beeinflussen unsere Sichtweise. Aber sie sind weiterhin die Ausnahme. Nach vielen Jahren des Redens und Denkens über die Rechte von Frauen scheint nun alles gut zu sein? Achten wir darauf, dass wir nicht wieder verschwinden – aus der Öffentlichkeit, aus den Chefetagen der Unternehmen, aus den politischen Gremien, aus den Universitäten, aus allen Bereichen, in denen nach wie vor viel weniger Frauen als Männer arbeiten. Denn wir sind immer noch nicht als gleichberechtigte Hälfte und Stimme der Gesellschaft präsent. Sehen Sie sich einmal eines der vielen Bilder an, das ein Treffen europäischer Regierungschefs oder die neue politische Mannschaft des gerade gewählten Landeschefs X zeigt. Wie viele Frauen sehen Sie darauf? Immer noch fällt in einer Gruppe von beanzugten Männern nur der ein oder andere Farbfleck heraus: die ein, zwei Frauen, die es trotzdem geschafft haben, mitmachen zu dürfen.

Wo kommen wir vor? Wir sind da, das wissen wir, doch sind wir auch präsent? In der Familie oder in der Partnerschaft sind ein gleichberechtigter Umgang und partnerschaftliche Abstimmung sicher heute meist die Regel. In unserer Öffentlichkeit sind Frauen dagegen nach wie vor unterrepräsentiert. Doch nicht oder nur wenig vorkommen heißt auch, nicht mitzubestimmen, nichts zu sagen zu haben zu Entscheidungen, die auch unser Leben betreffen. Was können Sie tun? Leben Sie einfach! Und sorgen Sie dafür, dass Sie bekommen, was Sie sich wünschen. Es gibt nämlich wirklich keinen Grund, warum Frauen ihre Wünsche nicht erfüllt bekommen sollten.

Vielleicht kommen dann auch Männer darauf, dass sie eventuell ganz andere Wünsche haben ...

In diesem Kapitel soll es deshalb um selbstbewusstes Auftreten gehen. Und um ein anderes, kraftvolleres Selbstverständnis, das Sie in der Öffentlichkeit darstellen.

Denn ganz gleich, welche Erfahrungen wir bisher gemacht haben:

✤ Wir können lernen, uns nicht unsichtbar machen zu lassen: durch die Sprache, die wir gebrauchen, durch das Wissen um unsere Stärken und Schwächen und durch unsere Fähigkeit, gute Kontakte herzustellen.

✤ Wir können lernen, mit einer besseren Redetechnik unsere Forderungen und unsere Ideen nachdrücklicher zu präsentieren, sodass wir in öffentlichen Situationen ganz wir selbst sein können.

✤ Und wir können lernen, uns am Arbeitsplatz selbstbewusster gegen Angriffe, Ignoranz oder Belästigungen aller Art zu wehren.

In diesem Kapitel möchte ich Sie mit dem Handwerkszeug ausstatten, sich auf allen drei Gebieten zu behaupten.

Präsent in der Sprache

Die Sprache, die wir verwenden, ist unsere Visitenkarte. Ich möchte hier nun zeigen, wie wir darauf achten können, dass wir nicht wieder aus der Sprache verschwinden. Denn sich selbst zu behaupten heißt auch, zu zeigen, wer Sie sind, mit den Möglichkeiten, die die Sprache bereithält. Aber sehen Sie selbst:

Eine Hausfrau ist eine Frau; übernimmt ein Mann – sehr vereinzelt – ihren Job, ist er ein »Hausmann«. Eine Hebamme ist eine Frau. Ergreift ein Mann diesen Beruf, ist er ein Geburtshelfer. Es gibt keine »Krankenbrüder«, sondern selbstverständlich Pfleger. Männer legen also sehr wohl Wert darauf, die ihnen gemäße Bezeichnung – abweichend vom Gebräuchlichen – zu erhalten. Ich möchte einen Mann sehen, der sich protestlos Lehrerin nennen lassen würde. Selbst wenn in einer Gruppe neun Lehrerinnen und ein Lehrer sind, dann nennen wir sie zehn Lehrer.

Warum sollten wir Frauen darauf verzichten, unsere weibliche Berufsbezeichnung zu führen? Es tut mir in den Ohren und in der Seele weh, wenn sich Frauen als »Volkswirt«, »Kaufmann«, »Ingenieur«, »Journalist« oder »Geschäftsführer« bezeichnen. Aber den Frauen selbst scheint es gar nicht aufzufallen. Oder sie betonen besonders offensiv, dass sie das völlig in Ordnung finden.

Die Psycholinguistin Sigrid Patz berichtet von eben dieser Erfahrung: »Vor einiger Zeit war ich bei einer Nachbarin eingeladen, einer attraktiven, lebenslustigen Frau. Sie war in Fahrt, erzählte von sich und der Welt und gebrauchte dazu ununterbrochen männliche Ausdrücke wie ›Ich bin ein Freund moderner Kunst‹. Als ich es nicht mehr aushielt und irgendwann ›Gastgeberin‹ betonte, als sie von sich als Gastgeber sprach, hielt sie verdutzt inne, stieß einen theatralischen Entsetzensschrei aus und rief: ›O nein, du bist doch wohl keine Emanze! Meine Güte, bei deinem Aussehen hast du das doch überhaupt nicht nötig! Hör bloß auf damit.‹«

Warum wehrt sich eine Frau so vehement dagegen, weibliche Bezeichnungen für sich zu verwenden? Befürchtet sie, sich damit der Kritik von Männern auszusetzen? Möchte sie um Gottes willen nicht mit diesen garstigen »Emanzen« in einen Topf geworfen werden? Oder hält sie diese Thematik einfach für Unsinn und Spinnerei?

Vor allem, warum stellt sie eine befreundete Frau derart bloß, die sich für nichts weiter einsetzt, als in der Sprache als weibliches Wesen zu erscheinen. Was hat das – zum Teufel – mit dem Aussehen zu tun? Steckt dahinter die überholte Auffassung, dass gutaussehende Frauen allein daraus ihr Selbstverständnis beziehen, während nicht so schöne ihre Position durch ihr Auftreten erst erkämpfen müssen?

Wenn wir mit der Sprache so umgehen, wie es für uns angemessen ist, werden wir als gleichgestellte, selbstbestimmte Menschen anerkannt werden. Wer, wenn nicht wir Frauen selbst, kann dieses Ziel aktiv anstreben? Wenn wir uns nicht offensiv ins Gespräch bringen, wer dann?

In Seminaren mache ich manchmal folgende kleine, aber eindrucksvolle Übung. Ich bitte die Teilnehmerinnen, für eine Minute die Augen zu schließen und einen erfolgreichen Manager zu beschreiben. Was folgt ist immer: dunkler Anzug, weißes Hemd, edle Krawatte, teure Schuhe, die »richtige« Uhr ...

Niemals hat bisher jemand Kostüm oder Hosenanzug, Bluse etc. gesagt. Wenn wir Manager hören, denken wir eben an einen Mann. Und das gilt bei Geschäftsführer, Arzt, Einzelhandelskaufmann ganz genauso. Wie so oft macht auch hier der Ton die Musik. Ruhig und unangestrengt können wir die weibliche Form benutzen, ohne die Bezeichnung wie eine Fahne vor uns herzutragen. Selbstverständnis überzeugt.

Wenn wir in unserer Phantasie und im Gedächtnis erst einmal Top-Managerinnen, Bundespräsidentinnen oder Nobelpreisträgerinnen gespeichert haben, erweitern wir unsere Zielvorstellungen, unsere Visionen. »Think big« heißt die Devise – und führt direkt zum Selbstbewusstsein von Frauen, zu ihren Leistungen und ihrer Kreativität.

Zeigen Sie, was Sie wollen!

Eine weitere Art, sich selbst unsichtbar zu machen, ist es, wenn Frauen zwar von sich sprechen, aber nicht klar sagen, was sie meinen. Das hört sich dann so an wie
✤ Man könnte ja mal darüber nachdenken, dass ...
✤ Wäre es möglich, wenn ...
✤ Vielleicht ist das doch ganz anders, ...

Wenn Sie sich so ausdrücken, müssen Sie sich nicht wundern, wenn Ihre Umgebung sich anders verhält, als Sie sich das vielleicht wünschen. Dies ist die sichere Taktik von Menschen, die von ihrer Umgebung verlangen, dass ihnen jeder Wunsch von den Augen abgelesen wird. Doch aus eigener Erfahrung werden Sie wissen, dass dies meist nicht funktioniert, wenn Sie solche Floskeln verwenden. Wollen Sie nicht weiter enttäuscht werden, versuchen Sie einmal andere Sätze zu sagen, wenn es Ihnen um etwas geht. Der Kommunikationstrainer George Walther hat ja den schönen Satz geprägt: »Wer sagt, was er meint, bekommt, was er will.« Klingt ganz einfach, ist es auch. Sie müssen sich nur trauen. Und das schöne Wörtchen »Ich« verwenden.
Hier einige Beispiele:
✤ Ich halte nichts davon und wünsche mir ...
✤ Ich möchte das ändern ...
✤ Ich schlage vor, ...
✤ Ich will gern ...
✤ Ich wünsche mir ...

Beziehen Sie eine klare Position und drücken Sie sich deutlich aus. Sprechen Sie Dinge konkret an, zum Beispiel im Büro: »Ich brauche die Unterlagen bis morgen um zehn Uhr.« Genauso wird ein Kind dankbar dafür sein, wenn es weiß, was los ist: »Zieh deine Schuhe jetzt an, wir wollen gleich losgehen.« So weiß Ihre Umgebung auch, was Sie wirklich wollen oder was

Sie sich wünschen. Und kann ebenso klar darauf reagieren. Um noch mal mit George Walther zu sprechen: »Was Sie sagen, werden Sie auch bekommen.« Übersetzt gesprochen heißt das: Wenn Sie unklar sprechen, dann bekommen Sie auch irgendetwas zurück, aber ganz sicher nicht das, was Sie wollen!

Stark sein heißt selbst entscheiden

Wir sind stark, wenn wir uns so wahrnehmen, wie wir sind: menschlich, mit kleinen Fehlern und besonderen Eigenschaften. Wir sind deshalb stark, weil wir uns selbst kennen und schätzen als das, was wir sind, und weil wir auch unsere Stärken und Schwächen kennen. Sicher kennen Sie die biblische Geschichte von David und Goliath. Sie zeigt, dass körperliche Kraft und Gestalt nicht das Ausschlaggebende ist, wenn es darauf ankommt.

David meldete sich freiwillig, um gegen den Riesen Goliath zu kämpfen. Keiner hätte ihm, dem kleinen David, etwas zugetraut, zuallerletzt sein Gegner. Doch David trat mit besonderen Waffen an:

Er war klein, aber er wusste um seine Schwäche und er konnte ausgezeichnet mit einer Steinschleuder umgehen. Er war mutig. Und noch etwas Wichtiges: Es war seine freie Entscheidung, das Risiko des Kampfes einzugehen.

Vielleicht war er ein Lebenskünstler, aber er wusste sich zu behaupten, obwohl er klein war.

Ganz egal, welche riesige Herausforderung sich Ihnen stellt: Ich möchte Ihnen zeigen, wie Sie die Waffen, die David benutzte, auch einsetzen können. Denn ich verspreche Ihnen: Mit Ihrer freien Entscheidung, dem Wissen um die eigenen Schwächen und Stärken und nur ein wenig Mut zum Risiko werden Sie stärker sein als andere. Und die Lösungen für die Herausforderungen, denen Sie gegenüberstehen, werden origineller sein als die der anderen. Weil sie von Ihnen kommen. Sie müssen es nur wagen!

David kannte seine Stärken. Er benutzte gewitzt seine Steinschleuder. Ein gezielter Schuss und Goliath war am Kopf getroffen. Das Ende der Geschichte kennen wir alle: David gewann den Zweikampf.

Stärken Sie Ihre Stärken

Viele Menschen, insbesondere Frauen, neigen allzu oft dazu, nur ihre Minuspunkte zu sammeln und herauszustellen: »Das kann ich nicht, und das kann ich nicht ...« Aber das Bohren in Schwächen allein hilft nicht weiter. Sie entkommen dem »Fluch der ewigen Selbstzweifel« nur, wenn Sie selbst aktiv gegensteuern: Gehen Sie mit Ihren Stärken produktiv um! Denn wenn Sie sich bewusstmachen, was Sie können, ist der erste Schritt schon getan. Die Stärken zu stärken und die Schwächen wohlwollend zu akzeptieren, heißt die Methode zu mehr Selbstvertrauen und Stärke.

Übung: Meine Stärken

Bitte tragen Sie in die folgende Liste ein, welche Stärken Sie in sich erkennen, sei es im Umgang mit Menschen, in Ihrem Beruf. Wie bewältigen Sie Ihren Alltag, den Haushalt und anfallende Probleme? Warum schätzen andere Menschen – Ihre Kollegen, Ihre Familie, Ihre Freunde – Sie?

Bitte nehmen Sie sich Zeit und zwingen Sie sich, wirklich einmal das Negative ganz beiseitezulassen. Lassen Sie es Revue passieren und kommen Sie dann zu den Pluspunkten. Sie sollten mindestens zehn für sich herausfinden.

Handeln Sie ruhig nach dem Motto: Eigenlob stinkt nicht!

Denken Sie aber auch darüber nach, was Sie gern noch weiter verbessern würden und wie Sie diese Verhaltensweise trainieren können. Stärken können sich auf folgende Fragen beziehen:

✤ Wie bringe ich mich in einer Gruppe ein?
✤ Wie gehe ich auf andere Menschen zu?
✤ Wie verständlich kann ich Inhaltliches wiedergeben?
✤ Wie verschaffe ich mir Gehör?
✤ Wie gelingt es mir, Gefühle auszudrücken (Wut, Trauer, Zuneigung)?
✤ Wie löse ich Sachaufgaben?
✤ Wie organisiere ich meine Aufgaben und meine Zeit?
✤ Worüber weiß ich besonders viel?

Kennzeichnen Sie die Fähigkeiten jeweils mit einem »Smiley«:

☺   bedeutet: Das kann ich sehr gut

☺   bedeutet: Das kann ich gut

☹   bedeutet: Das würde ich gern noch besser können

Fähigkeit   ☺ ☺ ☹   *Das werde ich so trainieren*

✎ _____

_____

_____

_____

_____

_____

_____

Schauen Sie sich Ihre Liste in einem zweiten Schritt dann genau an. Wo können Sie etwas mehr tun, Ihre Stärken verstärken? Möglichkeiten sind zum Beispiel:

❖ Besuchen Sie eine Weiterbildung zu einem Thema, das Sie besonders interessiert.

❖ Gibt es an Ihrem Arbeitsplatz die Möglichkeit, mehr in dem Bereich aktiv zu werden, in dem Sie die meisten Erfolge verbuchen?

❖ Buchen Sie eine Woche in einer Schönheitsfarm, wenn Sie Ihr Aussehen mögen und gern etwas dafür tun wollen.

❖ Sie wollen sich engagieren, wissen aber nicht wo? Es gibt viele soziale Einrichtungen, die eine Hand mehr immer gebrauchen können.

❖ Ihre eigenen Ideen:

_____

_____

_____

_____

_____

_____

_____

_____

Sicher werden Sie auch eigene Ideen haben, was Sie tun können, um Ihre Stärken zu trainieren und auszubauen. Und in manchen Fällen kann sogar ein Beruf daraus werden. Hierzu ein Beispiel: Eine Freundin von mir konnte wunderbar mit Blumen umgehen. Sie war zwar von Haus aus Bürokauffrau, ihr eigentlicher Lebenstraum war jedoch, ein Blumengeschäft zu haben und täglich mit Blumen umzugehen. Bisher hatte sie immer gezögert, weil sie das finanzielle Risiko schreckte, doch eines Tages wurde sie von Bekannten gebeten, ihre Hochzeit mit Blumenschmuck auszustatten. Es wurde wunderschön, obwohl sie bis zum letzten Moment geglaubt hatte, alles würde schiefgehen. Und damit war eine neue Geschäftsidee geboren. Sie würde nicht vorrangig Blumen verkaufen, sondern ihren Schwerpunkt darauf legen, Räumlichkeiten und Restaurants auszustatten. Die ersten Kunden kamen, waren begeistert, und heute stattet sie edle Restaurants, große Veranstaltungen und Fernsehgalas mit Blumen aus.

Ihre Kenntnisse als Bürokauffrau liegen dennoch nicht brach – wie Sie sich denken können: denn sie managt nun einen Stamm von ca. 20 Mitarbeitern.

Ihre Stärken sind Ihr Schatz, und wie es dem Geld geht, wenn man es gut anlegt, wissen Sie ja: Es wird mehr. Sicher gibt es auch hier wie an der Börse Aufs und Abs. Geben Sie nicht auf, probieren Sie. Manchmal ist auch ein Umweg nötig, damit Sie auf die richtigen Ideen kommen.

Hier nun noch eine Übung, mit der Sie noch mehr Klarheit über Ihre Stärken gewinnen können:

Übung: Deine Stärken – ein Fremdbild

Holen Sie sich Feedback: Denn oftmals sieht ein anderer oder eine andere so manches klarer. Ein menschlicher »Spiegel« ist einfach per se schon besser in der Lage als Sie selbst, Sie und Ihre Eigenschaften realistisch einzuschätzen. Suchen Sie sich dafür jemanden, dem Sie vertrauen, der Ihnen aber auch nicht allzu nahestehen sollte. Wenn Sie möchten, können Sie diese Übung auch mehrmals, mit verschiedenen Gesprächspartnern, durchführen. So erhalten Sie ein klareres Bild davon, wie andere Sie in Ihren Fähigkeiten und Stärken sehen.

1. Ich sehe bei dir vor allem folgende Stärken und Fähigkeiten:

✎ _____

_____

_____

_____

_____

_____

2. Woran mache ich das fest? Was habe ich beobachtet?

✎ _____

_____

_____

_____

_____

_____

3. Ich nehme an, dass du dich in deinem Leben verlässt:
+ auf deine Stärke im Umgang mit Menschen;
+ auf dein Einfühlungsvermögen;
+ auf deine Intelligenz, Deine Fähigkeit, sachlich zu bleiben und immer gute Argumente zu haben;
+ auf deine Intuition, Spontaneität, Kreativität;
+ auf deine Fähigkeit, abzuschalten und zu entspannen;

+ auf deinen Glauben an dich selbst;
+ auf deinen unerschütterlichen Humor;
+ auf ...
  (Mehrfachnennungen sind erlaubt!)

4. Was ich dazu konkret an dir beobachtet habe:

_____

_____

_____

_____

_____

_____

Schätzen Sie Ihre Schwächen

Keiner ist vollkommen, das wissen wir alle, und doch wären wir so gern perfekt, noch schöner, und hätten gern das, was andere uns vermeintlich voraushaben. Doch jeder kann lernen, mit den eigenen Schwächen zu leben, sie zu akzeptieren, sie mit Humor zu sehen. Sie machen Ihre Einzigartigkeit aus! Und wie heißt es so schön: Das vollkommene Kunstwerk hat immer einen Makel. Nur so wird es vollkommen.

Denken Sie noch einmal an David. Er war vor allem eines: mutig – und eher klein. Vielleicht litt er unter seiner Körpergröße – wer weiß? Viele Menschen leiden ja unter einer bestimmten Eigenschaft und versuchen mit allen Mitteln, die zu große Nase, die zu kurzen Beine oder den Leberfleck auf der Hand unsichtbar zu machen. Jeder von uns hat so eine

»Schwachstelle«. Sehen Sie dies einmal von einer anderen Seite: Sie wenden viel Energie darauf, andere Eigenschaften zu verstärken, damit der »Fehler« dadurch versteckt wird. So wird diejenige mit der großen Nase wahrscheinlich eine perfekte Frisierkünstlerin sein, weil sie schon so viel ausprobiert hat, um von ihrem »Zinken« abzulenken, oder derjenige mit den zu kurzen Beinen vielleicht ein begnadeter Läufer und der Mensch mit dem Leberfleck auf der Hand wird vielleicht für besondere Geduld gelobt, weil er gern ruhig seine Hand auf die andere legt, um den Makel zu verdecken, und so auf alle anderen stets einen entspannten Eindruck macht.

Eine kleine Übung hilft, die Schwächen zu relativieren:

Schreiben Sie drei Ihrer schrecklichsten Schwächen auf und ordnen Sie ihnen drei Ihrer größten Stärken zu.

Ist es also wirklich so schlimm, dass Ihre Nase so groß ist, wenn Sie eine begnadete Kontakterin sind? Oder dass Sie eine Zahnspange tragen müssen und meinen, niemand hört Ihnen mehr zu, weil alle nur auf diese Zahnspange starren? Zufällig haben Sie gerade Ihr erstes Buch veröffentlicht und alle wollen etwas über die Autorin wissen ...

Der »Gang der Königin«

Menschen, die Ausstrahlung oder Charisma haben, haben es oft leichter als andere. Doch Sie müssen nicht Jeanne d'Arc, Greta Garbo, John F. Kennedy oder Mahatma Gandhi werden, um eine Ausstrahlung zu haben. Auch diese Menschen haben irgendwann einmal ihr Charisma entwickelt. Sie haben durch ihre Taten und durch ihre Öffentlichkeit dieses Strahlen intensiviert. Und vor allem: durch ihre Überzeugung. Und daran können wir uns durchaus ein Beispiel nehmen. Mein Kollege Wolf Lasko sagt dazu: »Jeder hat sein Charisma schon erlebt. Wenn Sie sich kreativ, glücklich und vollkommen lebendig fühlen, wenn Sie die Macht spüren, Ihr eigenes Leben lenken zu können – in diesen Momenten wird Ihnen Ihr Charisma bewusst.« Also: Tun Sie etwas für Ihr Charisma, arbeiten Sie aktiv an Ihrer Ausstrahlung, indem Sie Ihre Überzeugungen und Werte umsetzen und sie und Ihre Originalität, Ihre Einzigartigkeit nach außen tragen.

Und eines möchte ich dem noch hinzusetzen: Machen Sie sich sichtbar, zum Beispiel durch Ihre Körperhaltung. Ich habe gelernt, dass man allein durch sie bis zu fünf Zentimeter »herausschinden« kann. Ich werde immer größer geschätzt, als ich mit meinen knapp über einen Meter sechzig bin. Dazu gehört der »aufrechte Gang«, sich nicht zu ducken, sich nicht zu verstecken, die Schultern geradezuhalten. Das kann man üben. Den »Gang der Königin« nennt das eine Kollegin.

Sie können sich unsichtbar machen, das kennen wir noch aus der Schulzeit, aber man kann sich auch sichtbar machen. Dazu gehört beispielsweise, Menschen bewusst anzuschauen. Meine Erfahrung: Wenn ich gucke, gucken sie zurück. Wenn ich Menschen ansehe, habe ich die Chance, gesehen zu werden. Und wenn ich dann sogar noch lächle, habe ich die Chance, bemerkt zu werden.

Also, wenn Sie gesehen werden wollen: Gehen Sie aufrecht in einen Raum hinein, schauen Sie die Menschen dort an. Wenn es Ihrem Naturell und Ihrer Stimmung entspricht, lächeln Sie (dann aber auch mit den Augen). Wenn man sich auf die Menschen freut, ist das übrigens keine Anstrengung.

Kontakte mit KISS

Jeder Mensch hat seine eigene Art, Kontakte zu knüpfen, die ersten Worte zu finden und sich zu unterhalten. Das ist nur gut so! Stehen Sie zu sich und Ihrer Originalität. Denn mit aufgesetzten Phrasen und einer steifen Annäherung werden

Sie nur das Gegenteil von dem erreichen, was Sie wollen: ein anregendes Gespräch, weiterführende Verabredungen oder vielleicht nur eine freundliche Auskunft über den nächsten Zug. Es gibt aber trotzdem Dinge, die Sie bei einem Gespräch mit bekannten und unbekannten Personen beachten können. Ich möchte Ihnen dazu meine KISS-Formel vorstellen. KISS ist ja eigentlich die Abkürzung für »Keep it short and simple«. Meine eigene Formel sieht etwas anders aus:

Das K steht für Konzentration: Konzentrieren Sie sich auf die Situation, auf die Menschen, mit denen Sie sprechen. Wenn wir mit unseren Gedanken ganz woanders sind, wenn wir nebenbei Ausschau nach vielleicht interessanteren Gesprächspartnern halten, kränken wir unser Gegenüber.

Das I steht für Interesse. Anstatt den anderen mit unseren Ausführungen zu überfallen, sollten wir den tatsächlichen Dialog suchen; was interessiert den anderen, was möchte er erreichen? Welche Lösungen wünscht er sich, welche Anregungen? Wo kann ich ihn abholen, wo finde ich Gemeinsamkeiten?

Das erste S steht für Sympathie. Wenn ich durch die Welt gehe und denke, außer mir gibt es nur Idioten, habe ich es schwer. Wenn ich die Menschen nicht mag, mit denen ich zu tun habe, signalisiere ich es unbewusst. Gemeinsamkeit kann da nicht entstehen. Man kann es sich aber angewöhnen, seinem Gesprächspartner Wertschätzung entgegenzubringen, auch wenn man ihn nicht gleich heiraten möchte. Das heißt nicht, falsch zu werden, sondern den anderen einfach zu respektieren.

Und das zweite S steht für Selbstvergessenheit. Bringen Sie sich ganz in das Gespräch ein und vergessen Sie das Drumherum. Stoppen Sie ablenkende Gedanken, wie etwa: »O Gott, wie sehe ich aus, ich habe heute meinen ›bad hair day‹« oder »Hätte ich doch bloß nicht die braunen Schuhe zum Anzug angezogen« oder »Was denkt der von mir?«

Wenn ich diese Selbstvergessenheit erringe, nestle ich nicht mehr an mir herum, höre nicht ständig mit einem Ohr auf mein Handy, kann mich ganz in die Situation hineingeben, fühle mich wohl. Und dieses Wohlgefühl übertrage ich auf meinen Gesprächspartner. Die beste Voraussetzung, dass etwas Gutes dabei herauskommt!

Erfolgreiche Gespräche mit der KISS-Formel
K = Konzentration
I = Interesse
S = Sympathie
S = Selbstvergessenheit

So werden Sie eine begnadete Rednerin

Vom Auftreten im Alltag ist es ein kleiner Sprung zum Sprechen. Sprechen in einer großen Runde oder Sprechen vor einer Versammlung – bei dieser Vorstellung bricht vielen Frauen der kalte Schweiß aus. Bevor ich Ihnen einige Tipps gebe, wie Sie diese Herausforderungen besser bewältigen, möchte ich Ihnen an einem Beispiel zeigen, dass es manchen Männern nicht anders geht:

30 Managerinnen sitzen im Halbrund und warten auf ein Referat zum Thema »Frauenförderung«. Der Referent wird vorgestellt, steht auf und bleibt an seinem Platz zwischen Stuhlkante und Tisch stecken: cirka 35, Personalchef einer mittelständischen österreichischen Firma, blauer Anzug, gedeckte Krawatte, gepflegter Haarschnitt. Er räuspert sich, steckt die linke Hand in die Hosentasche, schaut auf sein Manuskript und beginnt, sein Referat zu verlesen.

Während er spricht, wippt er mit dem Oberkörper vor und zurück, gebannt starre ich auf seine rotierenden Schultern. Seine rechte Hand krallt sich jetzt ebenfalls in die – andere

– Hosentasche. Es sieht aus, als suche er an seiner Männlichkeit Halt.

Er rühmt die tollen Chancen, die Frauen in seiner Firma hätten. Die Rechte wandert jetzt aus der Hose an den Hals: Gepresst erzählt er von den Qualifizierungsprogrammen für Frauen.

Er wippt jetzt nicht mehr vor und zurück, sondern von rechts nach links. Die rechte Hand streichelt beruhigend Wange und Kinn, als er Statistiken über Frauen in – was weiß ich für – Positionen zitiert. Längst kann ich seinen Ausführungen nicht mehr folgen, so sehr fasziniert mich seine Körpersprache. Schwupp, rechte Hand wieder in die Hose. Die linke wagt sich die gesamten 30 Minuten (!) nicht aus ihrem Versteck. Jetzt massiert die rechte zur Abwechslung seinen – offensichtlich verspannten – Nacken, während ich was von »Wiedereinstellung« höre. Er schwankt dabei wieder gefährlich vor und zurück, presst dabei die Oberschenkel Halt suchend an die Tischkante.

Beim Wort »Offenheit« streckt er uns in einem letzten Aufbäumen die geballte Faust entgegen. Als er mit einem genuschelten »... danke für Ihre Aufmerksamkeit« geendet hat, sackt er völlig erschöpft auf seinem Stuhl zusammen. Keine von uns verspürt Lust, ihn noch irgendetwas zu fragen. Mir ist schwindelig. Ihm ist es recht. Er rafft seine Mappe zusammen und verschwindet fluchtartig aus dem Konferenzraum. Zurück bleibt ein schwarzes Loch.

Die vier Grundlagen des Redeerfolgs

Es gibt tausend Anlässe, warum Sie plötzlich eine Rede halten müssen:

+ Sie werden zu einem Referat über Ihr Fachgebiet eingeladen.

- Als Betriebsratsmitglied haben Sie einen Bericht abzugeben.
- In der Schule Ihres Kindes sollen Sie vor der Elternversammlung über die Arbeit des Elternbeirats referieren.
- Sie möchten in einer Runde für die Bürgerinitiative werben, der Sie angehören.
- Sie wollen vor Kunden eine Produktpräsentation halten.

Ob Sie überzeugen werden, hängt – natürlich außer vom Inhalt – von vier wichtigen Punkten ab:
- Ihrer Vorbereitung;
- Ihrem Manuskript;
- Ihrer Stimme;
- Ihrer Körpersprache.

Zur Vorbereitung:
Gerade wenn Sie noch nicht zu den Vortragsfachfrauen gehören, empfiehlt es sich, einen Probelauf Ihrer Rede durchzuführen. Sprechen Sie sie auf einen Kassettenrecorder und achten Sie beim Abhören darauf, wo ein Übergang hakt, wo Sie zu schnell werden oder in Ihrem Manuskript zu komplizierte Satzkonstruktionen gebrauchen. Bitte erschrecken Sie nicht vor Ihrer eigenen Stimme! Aus dem Lautsprecher hören Sie sich selbst ganz anders. Wenn Sie Ihre Rede laut rezitieren, merken Sie auch, ob sie in der Sprechsprache gehalten ist und nicht durch Schriftsprache ermüdet.

Vermeiden Sie alle Mammutsätze über viele Zeilen, mit Einschüben und Nebensätzen, dabei kann Ihnen niemand folgen. Und hüten Sie sich davor, »gelehrten Quark« zu reden, auch wenn Ihr Thema noch so fachspezifisch ist. Eine spezielle deutsche Krankheit lässt uns glauben, wir müssten möglichst hochgestochen reden, um unsere Kompetenz zu beweisen. Das Gegenteil ist richtig, wie jeder englischsprachige Gastredner beweist!

Haben Sie eine Möglichkeit, Ihre Rede vorab auf Video aufzunehmen? Nutzen Sie sie, dann können Sie auch Ihre Körpersprache einbeziehen. Sie kennen sicher Leute, die im Umgang mit diesen kleinen Wundergeräten firm sind und sich freuen, statt immer nur Tante Ernas Geburtstag auch mal eine zukünftige Starrednerin aufnehmen zu können.

Bitte nutzen Sie diese Übung nicht, um sich selbst zu zerfleischen: Achten Sie also nicht auf Ihre Nase oder die Frisur. Sondern nutzen Sie das technische Hilfsmittel, um zu kontrollieren, wie Sie »rüberkommen«! Stoppen Sie dabei auch die Zeit, damit Sie wissen, wie lang Ihr Vortrag ist und wo Sie gegebenenfalls kürzen müssen. Wie heißt die Grundregel für jeden gelungenen Beitrag: »Reden Sie über alles, aber nicht über eine halbe Stunde!«

Und noch ein Punkt zur Vorbereitung: Erkundigen Sie sich vorher ganz genau, wie sich Ihr Publikum zusammensetzt. Wie ist der Wissensstand der Leute? Wo müssen Sie sie »abholen«, damit Sie verstanden werden?

Im Labyrinth des Manuskripts

Es gibt drei Möglichkeiten, wie Sie Ihre Rede aufzeichnen. Sie können sich für eine der folgenden Methoden entscheiden:

1. Das ausformulierte Manuskript. Der Vorteil: Sie wissen genau, was Sie sagen und – vor allem – was Sie nicht vergessen wollen. Der Nachteil: Sie sind ziemlich starr daran gebunden und die Gefahr ist groß, dass Sie Ihre Rede ablesen.

Wenn Sie sich an ein ausformuliertes Manuskript halten wollen, beachten Sie bitte:

✦ Schreiben Sie möglichst groß und nicht zu eng, sodass Sie schon bei einem kurzen Blick darauf sehen, wo Sie sind.

+ Unterstreichen Sie Stichworte, die Sie zum nächsten Gedanken weiterleiten.

+ Üben Sie Ihre Rede vorher mehrmals, sodass Sie die Sätze im Kopf haben und mit einem Blick auf Ihre Zuschauer aussprechen können.

+ Schreiben Sie den Schlusssatz, Ihre Zusammenfassung oder Ihren Schlussappell auf ein andersfarbiges Blatt Papier, sodass Sie es – auch wenn Sie während der Rede improvisiert haben – mit einem Griff finden.

2. Das Stichwort-Manuskript. Der Vorteil: Sie können spontan und locker formulieren. Der Nachteil: Nervöse Blockaden können Sie vergessen lassen, was das Stichwort bedeuten sollte. Beachten Sie bei der Vorbereitung:

+ Entwerfen Sie Ihren Vortrag, indem Sie Ihre Ideen sammeln und eine Gliederung aufschreiben.

+ Wenn das Gerüst Ihrer Rede steht, notieren Sie Schlüsselbegriffe, an denen sich Ihre Ausführungen entlanghangeln. Jedes Schlüsselwort erinnert Sie an einen Abschnitt Ihrer Rede, die Sie zu Hause geübt haben.

+ Schreiben Sie die Schlüsselwörter groß, damit Sie mit einem Blick wissen, wo Sie sind. Vielleicht schreiben Sie jedes Wort auf ein Kärtchen, das Sie weglegen können, wenn Sie den Abschnitt beendet haben.

+ Zitate oder Statistiken, die Sie bringen wollen, notieren Sie im Wortlaut.

+ Wenn Sie eine geübte Rednerin sind, reichen Ihnen oft ein paar hingeworfene Stichworte, um spontan einen Beitrag daraus zu zaubern.

3. Eine Mind Map. Mit dieser Methode legen Sie sich eine Erinnerungs-»Landkarte« an, anhand der Sie durch Ihre Rede finden. Ich selbst arbeite seit einiger Zeit mit dieser Methode und möchte sie Ihnen wärmstens empfehlen. Ein Beispiel für eine Mind Map finden Sie nebenstehend. Der Vorteil: Sie haben Ihre Rede auf einen Blick vor sich. Jeder Mensch denkt und erinnert sich in Bildern und eine Mind Map, die die Fähigkeiten beider Gehirnhälften nutzt, arbeitet mit diesem Bild-Gedächtnis. Der Nachteil: Sie müssen sich vorher mit der Methode vertraut machen, um sie nutzen zu können (es gibt einige Bücher, die das Mind Mapping erklären, Sie finden eins in der Literaturliste auf Seite 203). Auch wenn Sie von sich denken: Ich kann das nicht! Geben Sie sich eine Chance, diese Methode zu probieren!

Falls Sie Lust dazu haben, hier eine kleine Einführung:

+ Auf ein leeres Blatt Papier schreiben Sie in die Mitte in einen Kreis Ihr Thema, z. B. »REDETECHNIK«.

+ Von der Mitte aus führen »Äste« im Uhrzeigersinn in alle Richtungen. Sie bilden Ihre Hauptgliederung. An diese Äste schreiben Sie die Schlüsselworte der einzelnen Kapitel Ihres Vortrags, in meinem Beispiel MANUSKRIPT, STIMME, KÖRPERHALTUNG, TIPPS und VORBEREI-TUNG.

+ An jeden Ast fügen Sie jetzt Zweige an, die das Kapitel noch einmal untergliedern. An den Ast MANUSKRIPT beispielsweise die Zweige AUSFORMULIERT, STICH-WORTE, MIND MAP und ANHANG UND SCHLUSS. Diese Zweige können Sie dann wiederum noch einmal ergänzen, in meinem Beispiel den Zweig STICHWORTE mit den Zweiglein GROSSGESCHRIEBEN, NICHT ZU VIEL, ERINNERUNGSHILFEN, SCHLÜSSELBEGRIFFE.

Das klingt in der Erklärung vielleicht alles ein bisschen kompliziert, ist es aber wirklich nicht, wenn Sie einmal den Dreh raus haben. Während Ihrer Rede können Sie dann bequem jeden »Ast« Zweig für Zweiglein abhandeln.

Für welches Manuskript Sie sich auch immer entscheiden mögen, legen Sie besondere Sorgfalt auf den Beginn und auf den Schluss Ihrer Rede. Denken Sie sich einen spektakulären

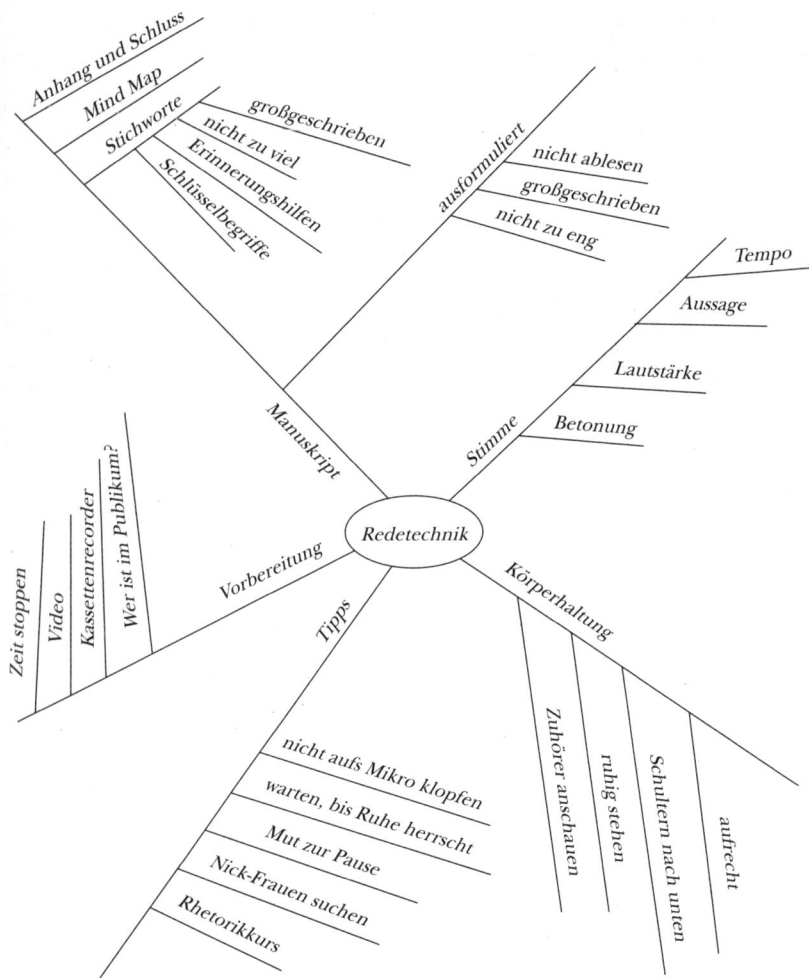

Anfang aus, damit Ihnen wirklich zugehört wird – erzählen Sie eine Anekdote, die zum Thema passt, oder provozieren Sie mit einer ausgesuchten These.

Und verwenden Sie besondere Mühe auf den Schluss, zum Beispiel durch einen glasklaren zusammenfassenden Satz oder eine Forderung, damit sich Ihr Publikum an Sie erinnert.

Alle Macht der Stimme!

Ich hatte vor kurzem als Mitglied in einer Jury wieder einmal Gelegenheit, das unterschiedliche Stimmvermögen junger Frauen und Männer zu vergleichen: Schüler und Schülerinnen von Grafikfachschulen, zwischen 20 und 30 Jahren, präsentierten ihre Arbeiten in einem Wettbewerb. Die Arbeiten waren durchgehend von hohem Niveau, der gewaltige Unterschied lag in der Präsentation: Die jungen Männer waren zwar aufgeregt, erklärten aber meist lautstark und zielgerichtet ihre Arbeit, strahlten bei aller Unsicherheit aus, dass sie von ihren Ideen überzeugt waren.

Die meisten jungen Frauen dagegen wanden sich vor Verlegenheit. Unterbrechungen oder Zwischenfragen verursachten bei ihnen den totalen Blackout. Mit leiser Stimme pressten sie nur das Allernötigste heraus, nahmen durch ihre Zurückgenommenheit ihren Werken das Spektakuläre. Sie minderten also durch ihre Selbstzweifel den Wert ihrer Phantasie, ihrer Kreativität und ihrer monatelangen Arbeit. Nur drei Frauen überwanden nach einigen Minuten ihre Scheu und überzeugten. Der Erfolg: Zwei von ihnen fanden sich letztendlich unter den Preisträgern wieder!

Was Sie daraus erkennen sollen: Sie können die tollsten, originellsten Ideen und Erkenntnisse vertreten, Sie können Sensationen verkünden – wenn Ihre Stimme und Ihr Auftreten das Außergewöhnliche nicht widerspiegeln, verpassen Sie

Ihr Ziel. Amerikanische Wissenschaftler haben festgestellt, dass dem Klang der Stimme bis zu fünfmal so viel Bedeutung zukommen kann wie den Worten, die verwendet werden.

Die Grundregeln der erfolgreichen Rednerin:

1. Sprechen Sie um Himmels willen laut!

Lauter, noch lauter! Wenn es Ihnen schwerfällt, trainieren Sie: Fahren Sie Achterbahn und brüllen Sie sich die Seele aus dem Leib. Gehen Sie in die lauteste Disco, die Sie kennen – und kreischen Sie. Oder stellen Sie sich wie Liza Minelli im Film »Cabaret« unter eine Eisenbahnbrücke und schreien Sie, was das Zeug hält, während ein Zug über Sie hinwegdonnert. Wenn Sie zu Hause üben, sagen Sie lieber vorher in der Nachbarschaft Bescheid, bevor die die Polizei ruft!

Das sind die billigeren Übungsmethoden. Die teureren Alternativen: Besuchen Sie einen Rhetorikkurs, buchen Sie einen Theaterworkshop oder beginnen Sie eine Atemtherapie.

2. Variieren Sie Ihr Sprechtempo!

Wenn Sie durch Ihren Vortrag leiern, dass Ihren Zuhörern und Zuhörerinnen die Füße einschlafen, erringen Sie ebenso wenig Aufmerksamkeit, wie wenn Sie im D-Zug-Tempo durch Ihr Manuskript rasen. Ich selbst gehöre zu den norddeutschen Schnellsprecherinnen und musste mir mühsam angewöhnen, nicht so zu hetzen. Ist es nicht reizvoll, mit Ihrem Tempo Ihr Publikum in den Bann zu ziehen?

Haben auch Sie Mut zur Pause. Vergessen Sie nicht, zwischen den Sätzen zu atmen, sonst pfeifen Sie bald aus dem letzten Loch und Ihre Stimme kippt in hysterisches Gekiekse um. Versuchen Sie, bis hinunter in den Bauch zu atmen (die Mütter unter Ihnen sind da im Vorteil, erinnern Sie sich nur an die Schwangerschaftsgymnastik!). Aber noch wichtiger: Atmen Sie langsam und kräftig aus!

3. Achten Sie auf die Betonung!

Drehen Sie auf, wenn Sie an ganz besonders wichtige Stellen kommen, aber hacken Sie nicht einen Satz wie den anderen herunter. Stellen Sie zwischendurch rhetorische Fragen, werden Sie leise, wenn's spannend wird. Holen Sie aus Ihrer Stimme alles Menschliche heraus, spielen Sie mit ihr wie auf einem Instrument.

So können Sie Ihre Stimme trainieren:

Sprechen Sie einen Satz mehrmals so verschieden wie möglich auf einen Kassettenrecorder: Flüstern, säuseln, krächzen Sie, drängen, jubeln, brüllen Sie. Bilden Sie Ihre Stimme zu einem Werkzeug aus, mit dem Sie Sprache modellieren können. Schließen Sie sich meinetwegen dafür ein, wenn Sie Hemmungen haben. Übertreiben Sie fürchterlich, »spielen Sie sich auf«. Und Sie werden bald merken, welche Kraft Ihre Stimme besitzt, wenn Sie sie nur lassen.

Und noch ein Tipp: Singen Sie. Denn Singen ist einfach ein Super-Stimmtraining. Gelegenheiten dazu, Ihre Stimme auszuprobieren, gibt es genug, auch für diejenigen, die nicht in einer Karaoke-Bar der Star sein mögen: Das kann unter der Dusche sein oder beim einsamen Waldspaziergang, im Auto – oder wo singen Sie am liebsten?

Was Ihr Körper spricht

Wenn Sie eine Rede halten, stehen Sie im Mittelpunkt. Alle starren Sie an. Ist das eine grauenvolle Vorstellung für Sie? Dann sollten Sie umso mehr auf Ihre Körpersprache achten. Wie machen wir uns möglichst unsichtbar? Wir ziehen den Kopf ein, ziehen die Schultern nach oben, beugen den Rücken, knicken in der Hüfte ein. Und sehen dann aus wie ein lebendes Fragezeichen. Wie wollen wir so überzeugen? Wie wollen wir etwas verkünden, etwas fordern, etwas anregen, etwas erreichen? Deshalb:

+ Stehen Sie fest auf beiden Füßen. Kippeln Sie nicht hin und her.
+ Halten Sie den Rücken gerade.
+ Ziehen Sie die Schultern nach unten.
+ Rudern Sie nicht mit den Armen. Klammern Sie sich aber auch nicht ans Rednerpult. Unterstreichen Sie Gesagtes mit leichten Handbewegungen, die sich Ihren Zuhörern entgegenstrecken.
+ Heben Sie den Kopf. Eine kleine Hilfe: Stellen Sie sich vor, Ihr Hinterkopf wäre an der höchsten Stelle mit einem Band an der Decke befestigt.
+ Stehen Sie trotzdem möglichst bequem.
+ Schauen Sie Ihre Zuhörer und Zuhörerinnen so oft wie möglich an.
+ Schauen Sie freundlich. Lächeln Sie aber nicht ständig. Das wirkt grimassenhaft und widerspricht der Ernsthaftigkeit Ihres Vortrags.
+ Warten Sie mit dem Sprechen, bis Ruhe im Raum herrscht.
+ Und klopfen oder pusten Sie vor Ihrer Rede bitte, bitte nicht aufs Mikrophon, um zu sehen, ob's an ist. Das wirkt absolut unprofessionell! Prüfen Sie das Mikro vorher oder lassen Sie es prüfen!

Das Geheimnis des Lachens

Ich möchte Ihnen zum Abschluss des Themas Redetechnik noch zwei Tricks verraten, die mir selbst auch schon oft geholfen haben:

1. Verweigern Sie sich dem Power-Point-Wahnsinn. Es ist leider fast zur Norm geworden, dass Vorträge und Informationsabende per Power-Point-Vorlage abgehandelt werden. Mein Alptraum: ein Vortrag mit 54 Folien in kleiner Schrift. Ein Publikum, das Ihrem Vortrag wach und interessiert folgt, bekommen Sie nur, wenn Sie sich nicht hinter Ihren Folien verstecken. Seien Sie anders als andere, lassen Sie sich etwas für Ihre Zuhörer einfallen. Ihr Publikum wird es Ihnen danken!

2. Und meine allererste Präferenz: Humor, das beste Mittel, die Aufmerksamkeit Ihrer Zuhörer zu erringen. Völlig gleichgültig, über welches Thema Sie sprechen, versuchen Sie, Ihr Publikum wenigstens einmal zum Lachen zu bringen. Lachen verbindet, Lachen macht neugierig, Lachen macht wach. Menschen sind so dankbar, wenn sie zum Lachen gebracht werden. Das ist meine Erfahrung und ich bin sicher, es ist auch eine gute Basis für Ihren Erfolg als Rednerin!

Fit für Diskussionen

Sabotieren Sie sich nicht selbst! Nicht nur in Vortragssituationen geraten viele Menschen in Stress. Auch in Diskussionsrunden, egal ob in der Vorstandssitzung, der Eigentümerversammlung oder im Elternbeirat des Kindergartens, haben manche Menschen Mühe, sich Gehör zu verschaffen. Lösen Sie sich von der Angewohnheit, Ihre Aussagen durch Einschränkungen wie »Wenn ich bemerken dürfte«, »Ich würde sagen«, »Vielleicht darf ich erwähnen« selbst zu torpedieren. Deshalb: Sagen Sie, was Sie sagen wollen! Klar und deutlich.

Fragen Sie nicht erst langatmig um Erlaubnis. Sorgen Sie dafür, dass Sie genug Zeit dafür bekommen, Ihre Meinung zu sagen. Verplempern Sie deshalb nicht wertvolle Minuten mit überflüssigen Höflichkeitsfloskeln. Sonst wird Ihnen schon wieder das Wort abgeschnitten, wenn Sie gerade erst zum Wesentlichen kommen wollten.

Vermeiden Sie, Forderungen, Thesen, Aussagen oder Vorschläge in Frageform vorzubringen: »Sollte nicht vielleicht ich die Aufgabe übernehmen?« Wenn Sie so auf Mäuschen machen, bleiben Sie auch eine graue Maus und die Projektleitung bekommt ein anderer.

»Ich finde, wir müssen da etwas tun, oder?« Dieses gequälte »oder?« nimmt Ihrer eigentlich engagiert gemeinten Aussage jeglichen Saft. Und niemand muss sich ernsthaft damit beschäftigen.

Manche Menschen beklagen sich oft darüber, dass sie in Diskussionsrunden nicht nur mühsam zu Wort kommen, sondern dass sie vor allem nicht ernst genommen werden. Das hängt auch damit zusammen, dass wir uns nicht trauen, unsere »Breitseite« zu präsentieren. Das heißt, wir lassen uns immer einen kleinen Fluchtweg offen: »Finden Sie nicht auch?« schließen wir kleinlaut unseren Vorschlag ab. Wenn nicht, tun wir nämlich ganz schnell so, als wenn wir's auch gar nicht ernst gemeint hätten.

Wollen Sie sich in einer Diskussionsrunde behaupten, wollen Sie mitgestalten und mitentscheiden, dann beherzigen Sie folgende Ratschläge:

+ Bitte keine Verniedlichungen, »…Ich hätte da vielleicht eine kleine Idee…«, sondern klare Aussagen: »Wir müssen ab sofort…«

+ Bitte keine Fragen wie »Dürfte ich auch mal was dazu sagen?«, sondern heraus mit Ihrer Meinung.

+ Und bitte keine windelweichen Vorschläge »Sollten wir nicht mal versuchen…«, sondern klare Direktiven: »Ich stelle den Antrag, dass…«

+ Werden Ihre Vorschläge nicht aufgenommen, weisen Sie höflich, aber bestimmt darauf hin: »Wir haben noch über meinen Antrag abzustimmen!«

+ Vielleicht sind Sie dann für einige Kollegen nicht mehr

die »nette Kleine« oder die »umgängliche Kollegin«, aber Sie werden akzeptiert und ernst genommen. Das ist doch eine klare Linie wert!

Stark am Arbeitsplatz

Ist es nicht wunderbar, gebraucht zu werden? Schwelgen wir nicht in einem Glorienschein von Wichtigkeit, wenn wir Aufgabe um Aufgabe übernehmen? Es ist ganz anders: Wir sind Schafe! Glauben Sie mir: Heimlich werden wir mitleidig belächelt. Und was noch schlimmer ist, man hat sich längst daran gewöhnt, uns brutal auszunutzen! Wir leiden unter der schon an anderer Stelle beschriebenen Krankheit: Wir können nicht »Nein« sagen! Aber wie zuvor gilt: Das müssen wir lernen!

Sagen Sie laut vor sich hin: »Nein!« und noch einmal »Nein!«. Zucken Sie auch bei den ersten Malen noch zusammen, wiederholen Sie dieses Zauberwort wie ein zweijähriges Trotzkind: »Nein! Nein! Nein!«

Spüren Sie den Zauber dieses Wortes? Spüren Sie seine unglaubliche Macht?

»Nein!« Hilflos stehen alle um Sie herum. »Nein!« Verzweifelt raufen sie sich die Haare. »Nein!« Sie liegen auf den Knien vor Ihnen. »Nein!« Sie sind die Beherrscherin der Szene. Genießen Sie es.

Zugegeben, im täglichen Umgang mit Ihren Mitmenschen sollten Sie die simple Trotzreaktion eines Kleinkindes zur akzeptablen Antwort verfeinern. Hier vier höfliche Varianten, wie Sie zukünftig besser »Nein« sagen können:

✤ Die Mitleids-Tour: Ihr Chef oder Ihre Chefin möchte Ihnen noch mehr Arbeit auf den Schreibtisch knallen? Stöhnen Sie gequält auf, verdrehen Sie die Augen, weisen Sie mit einer kraftlosen Armbewegung auf Ihre derzeitige Tätigkeit: «Ich schaffe es einfach nicht, schauen Sie, wie viel ich noch zu erledigen habe. Das muss alles heute fertig werden!«

✢ Die »Sie-ignoriere-ich-nicht-mal«-Methode: Ein Kollege möchte Ihnen – wie gewohnt – einen Teil seiner Arbeit aufs Auge drücken:»Könnten Sie mal eben..?« Beachten Sie ihn überhaupt nicht, arbeiten Sie verbissen weiter, drehen Sie ihm möglichst den Rücken zu, bis er hilflos abzieht.

✢ Die Totschlags-Methode: Nein, nicht, was Sie jetzt denken! Soll Ihnen eine ganz besonders widerwärtige Arbeit aufs Auge gedrückt werden? Dann »erschlagen« Sie den Frager mit Ihrer Zeitplanung:»Also heute Vormittag muss ich noch … und … erledigen. Heute Nachmittag kommt Herr … Morgen früh muss ich … fertig haben. Aber nächste Woche Dienstag käme ich vielleicht dazu!« Wenn Sie Glück haben, verschwindet der andere entnervt und sucht sich ein anderes Opfer.

✢ Wenn nicht, sagen Sie einfach die Wahrheit. Sie haben wirklich keine Zeit? Sie möchten die Arbeit bestimmt nicht übernehmen? Dann sagen Sie klar und deutlich:»Nein.« Diese Methode zeigt die beste Wirkung bei Vorgesetzten oder Kollegen, die mit offenen Antworten gut klarkommen. Aber überlegen Sie vorher, warum Sie es nicht tun wollen oder können, damit Sie überzeugend und schlagkräftig argumentieren können.

Ich habe bewusst Beispiele aus der Berufswelt gewählt, aber die Methoden eignen sich für alle Lebenslagen: Wenn Ihnen in einem Verein immer die undankbaren und arbeitsintensiven Ämter übertragen werden, wenn Ihr Partner alle unangenehmen Arbeiten auf Sie abschieben will, wenn eine Freundin Sie um den zigsten Gefallen bittet, wenn Ihre Eltern Unmögliches von Ihnen verlangen:»Nein!« Sie riskieren, dass die anderen Sie weniger »nett« finden, aber sie werden Sie aller Wahrscheinlichkeit nach mehr respektieren. Und

Sie gewinnen Zeit für Dinge, die Ihnen wichtiger sind oder einfach mehr Spaß machen.

Genauso, wie Sie ein anderes »Nein!«-Selbstverständnis entwickeln, sollten Sie dann aber auch Ihre Einstellung zum »Ja« klären: Wenn Sie in Zukunft eine Aufgabe bewusst übernehmen, dann stehen Sie auch zu Ihrem »Ja«, die Zeiten des »Jaja...« sind vorbei. Hoffen Sie nicht darauf, dass die anderen es schon vergessen werden oder dass es sich von selbst erledigt. Sondern halten Sie Ihre Vereinbarung auch ein! Nehmen Sie Ihr »Ja« als Selbstverpflichtung, denn Sie hätten schließlich auch »Nein« sagen können.

Wer klar auftritt, wird auch bekommen, was er will. Mit dieser Übung zur Durchsetzungskraft habe ich gute Erfahrungen gemacht: In den Beispielen können Sie sehen, wie Sie Ihr »Nein« auch noch anderen Situationen anpassen und Ihren Bedürfnissen Ausdruck verleihen können.

Übung: Trainieren Sie Ihre Durchsetzungskraft

Ob im privaten oder beruflichen Bereich, im Umgang mit vertrauten Personen oder Fremden, es gibt tausend Möglichkeiten, Ihre Durchsetzungskraft zu trainieren. Sie müssen auch nicht auf einmal alle Hindernisse aus dem Weg räumen, probieren Sie sich Schritt für Schritt aus. Erkennen Sie Situationen, in denen Sie sich, Ihre Rechte und Ihre Ansprüche besser durchsetzen können. Ich möchte Ihnen mit drei Beispielen Mut dazu machen:

1. Carla sitzt im Flugzeug auf einem Mittelplatz. Links und rechts von ihr nehmen zwei Männer weit mehr Platz ein, als sie eigentlich sollten. Sie fühlt sich mit angezogenen Ellenbogen absolut unwohl. Sie tippt ihren rechten Nachbarn freundlich an, zeigt auf die Armlehne zwischen ihnen und sagt lächelnd: »Die Armlehne rechts von Ihnen gehört Ihnen, okay? Diese Armlehne hier gehört für diesen Flug mir, einverstanden?«

Statt eines blöden Gerangels sitzt sie bequem und hat vielleicht sogar einen interessanten Gesprächspartner für die Dauer des Fluges gefunden.

2. Beates Mann ist ein Ausgeh-Muffel. Sie vermisst es, öfter mal mit Freunden zusammen zum Essen oder ins Kino zu gehen. Anstatt jeden Abend mit verkniffener Miene neben dem Gatten vor dem Fernseher zu hocken und ihm dies übelzunehmen, vereinbart sie mit ihm: Sie trifft sich ein- bis zweimal die Woche mit einer Freundin und unternimmt etwas mit ihr. So kann sie tun, was ihr Spaß macht, und muss ihm nicht vorwerfen, dass seinetwegen das Leben an ihr vorbeigeht.

3. Helgas Chefin bringt ihr oft kurz vor halb fünf noch irgendeine »dringende« Arbeit. Helga ist sauer, weil sie es dann nicht schafft, ihre Tochter pünktlich um fünf vom Kindergarten abzuholen. Und erledigt die Arbeiten dann dementsprechend gehetzt und schlampig. Bei nächster Gelegenheit spricht sie deshalb mit ihrer Chefin: »Sie wissen, ich arbeite gern für Sie. Aber ich muss abends pünktlich gehen, sonst muss mein Kind vor der geschlossenen Kindergartentür warten. Alles, was Sie mir bis vier Uhr geben, kann ich noch erledigen. Was später kommt, kann ich leider erst am nächsten Morgen bearbeiten.« Statt Frust und Hetze trifft sie eine klare Absprache, mit der beide Seiten leben können.

Notieren Sie hier, bei welcher Gelegenheit Sie in den nächsten vier Wochen stärker auftreten wollen:

✎ _____

_____

_____

_____

Klarer Auftritt gegen Mobber

Wenn Sie von Kollegen oder vom Chef täglich aufs Neue schief angesehen werden, Ihre Vorschläge mit Achselzucken beantwortet oder komplett ignoriert werden, dann stimmt etwas nicht. Doch nicht bei Ihnen! Die Diagnose heißt dann »Mobbing«. Gerade in Zeiten wirtschaftlicher Unsicherheiten ist dies ein beliebtes Mittel von Chefs und Kollegen. Gibt es beispielsweise in der Firma Entlassungen, erhöht sich der Konkurrenzdruck unter den Kollegen. Wenn es um den eigenen Arbeitsplatz geht, können vormals nette und umgängliche Kollegen plötzlich zu fiesen Ekeln werden. Auch das »Bossing«, das Mobbing durch den eigenen Chef, hat in den letzten Jahren leider immer mehr Verbreitung gefunden. Es gilt als gute Methode, Leute loszuwerden, die sie auf anderen Wegen nicht loswerden können.

Untersuchungen haben ergeben, dass jeder Mensch in seinem Leben davon betroffen sein kann. Und trösten Sie sich: Es ist wissenschaftlich belegt, dass gerade besonders offene Menschen schnell zum Mobbing-Opfer werden. Die Psychologen Thomas Rammsayer und Kathrin Schmiga von der Universität Göttingen haben die Persönlichkeitsmerkmale von Mobbing-Opfern untersucht und herausgefunden, dass gerade kreative und unkonventionelle Menschen besonders stark von Mobbing betroffen sind.[1] Der Mythos vom schüchternen Mäuschen und »geborenen« Opfer, das nur darauf wartet, dass es alle ärgern, ist damit überholt.

Wenn Sie erst feststellen, dass Sie »gemobbt« werden, ist meist der Zug schon abgefahren. Doch Sie können dem mit kleinen, aber wirkungsvollen Aktionen vorbeugen:

Treten Sie stets klar und zielgerichtet auf. Nehmen Sie sich Zeit für ein lockeres Gespräch mit Kollegen, um sich Netzwerke in der Firma zu schaffen. Lassen Sie sich nichts gefallen. Ziehen Sie Ihr Ding durch, aber graben Sie sich nicht in Ihre Arbeit ein. Stimmen Sie alle wichtigen Entscheidungen mit Ihren Vorgesetzten ab und sorgen Sie durch einen guten Kontakt mit ihnen dafür, dass diese Ihre Arbeit und Ihr Vorgehen schätzen. Dies sind nur einige Ratschläge, die ich Ihnen geben kann, denn jedes Mobbing hängt auch immer mit individuellen Fragen zusammen.

Wenn Sie sichergehen wollen, und dies ist gar nicht mehr so unüblich, können Sie sich auch – beispielsweise beim Eintritt in ein neues Unternehmen – die ersten hundert Tage von einem Coach begleiten lassen.

Sind Sie bereits betroffen, müssen Sie allerdings in jedem Fall handeln, denn auf die Dauer macht Mobbing krank. Nicht nur, dass Sie den Spaß an Ihrer Arbeit verlieren und in einem feindlich gesinnten Umfeld leben müssen, Mobbing

---

1 Quelle: Wer anders denkt, fliegt raus. Von Birgit Will, in: SZ, 10. 6. 2003

kann auch schwere körperliche und seelische Erkrankungen nach sich ziehen. Auf die Dauer ist eine Krankschreibung eben keine Lösung.

Und das können Sie dann tun:

- Wenden Sie sich an eine Vertrauensperson, die Ihr berufliches Umfeld kennt, um Lösungen für Ihren weiteren Weg auszuarbeiten. Das kann eine Kollegin sein, die auf Ihrer Seite steht, ein Firmenbeauftragter oder ein Betriebsrat.
- Lassen Sie sich coachen. Sie werden mehr Selbstvertrauen und mehr Durchblick bekommen, können anders reagieren, wenn Sie durch den Rat und das Urteil eines Fachmanns (oder einer Fachfrau!) unterstützt werden.
- In manchen Fällen kann auch ein Anwalt eine hilfreiche Beratung sein.

Wenn Sie meinen, dass das Kind schon ganz in den Brunnen gefallen ist, dann heißt es: Nix wie weg hier!

- Bewerben Sie sich darum, auf einen Arbeitsplatz in einer anderen Abteilung Ihres Unternehmens versetzt zu werden.
- Oder schauen Sie sich auf dem Arbeitsmarkt nach einer neuen Stelle um. Wer weiß, vielleicht finden Sie etwas, das noch besser zu Ihnen passt als der alte Job?

Bedenken Sie: Oftmals ist es besser, das Risiko eines neuen Arbeitsplatzes auszuprobieren, als in einem Umfeld auszuharren, das Sie auf Dauer krank macht!

Sexuelle Belästigung und Anzüglichkeiten

Spätestens seit Ally McBeal weiß jede, dass sexuelle Belästigung nichts mehr ist, was nur in dunklen Ecken passiert, sondern durchaus ein Politikum in Firmen werden kann, das auch in Deutschland für alle Beteiligten unangenehme Folgen haben kann.

Doch was können Sie tun, wenn Sie von einem Kollegen einen zotigen Spruch zu hören bekommen? Ist das schon sexuelle Belästigung oder nicht?

Ganz klar geht es auch Ihnen sicher nicht darum, auf eine Gelegenheit zu warten, wo Sie zum Opfer werden. In vielen Branchen, in denen eher weniger Frauen mit vielen Männern zusammenarbeiten, ist meist der Umgangston rauer. Wer damit nicht rechnet, kann ganz schön überrascht werden.

In vielen Fällen geht es einfach nur darum, sich durchzuboxen, sich als Frau Respekt zu verschaffen. So ging es einer Freundin, die in der IT-Branche als Vertrieblerin tätig ist. Sie hatte während der Präsentation eines neuen Produktes vor einem Auditorium von männlichen Einkäufern das unangenehme Gefühl, von oben bis unten gemustert und bewertet zu werden: Haare, Busen, Beine usw. Wut stieg in ihr auf, und da sie nicht gern ein Blatt vor den Mund nimmt, unterbrach sie ihre Präsentation der neuen Produktreihe und fragte in die Runde: Nun, meine Herren, haben Sie die Leibesvisitation bald abgeschlossen, damit wir zur Sache kommen können? Daraufhin waren die Herren plötzlich sehr aufmerksame Zuhörer.

Trainieren Sie Ihre verbale Schlagkraft!

Sich verbal durchzusetzen verlangt Schlagfertigkeit. Wie kann man die trainieren? Die Münchner Psycholinguistin Siegrid Patz erklärte mir: »Schlagfertig werden Sie, indem Sie sagen, was Ihnen auf der Zunge liegt. Wir werden nur zum Stockfisch, wenn wir das Spontane herunterschlucken, weil wir Angst haben.« Und diese Angst rührt daher, dass wir andere Menschen höher einschätzen als uns selbst. Setzen wir uns gedanklich auf die gleiche Ebene, gibt es keinen Grund, nicht freundlich zueinander zu sein!

Üben Sie dies einmal im privaten Kreis, wenn Sie nicht gleich öffentlich Tests machen wollen. Manch eine ist auch über sich selbst überrascht, was sie plötzlich sagen kann.

Bei vielen Gelegenheiten werden Sie sich natürlich ärgern, weil Ihnen erst hinterher die passende Killerphrase einfällt, aber trösten Sie sich, das passiert jedem immer wieder. Denken Sie stattdessen lieber an die Situationen, in denen Sie Sieger waren.

Wehren Sie sich!

Ganz einfach: Sexuelle Belästigung ist es dann, wenn Sie das Gefühl haben, wirklich körperlich oder seelisch verletzt worden zu sein. Das kann der Fall sein, wenn sich dies wiederholt, obwohl Sie darum gebeten haben, dass es unterlassen werden soll, oder wenn es einmalig so extrem ist, dass Ihnen die Worte fehlen oder Schlimmeres.

Was können Sie in einem solchen Fall tun?

Die gesetzliche Lage ist mittlerweile eindeutig: Sie müssen das nicht dulden und haben Rechte. Im Beschäftigtengesetz zur Gleichstellung von Männern und Frauen (BG Bl.I 1994, 1406, 1412; Art. 10) ist genau festgeschrieben, dass Ihre Würde auch am Arbeitsplatz geschützt ist. Sie haben das Recht, sich bei den zuständigen Stellen Ihres Betriebes zu beschweren, wenn Sie sich durch Kollegen oder Ihren Chef oder Dritte am Arbeitsplatz sexuell belästigt fühlen. Diese haben nun angemessene arbeitsrechtliche Maßnahmen wie z.B. eine Abmahnung, Versetzung u.a. zu treffen, um dies zu unterbinden. Sollten keine oder nur ungeeignete Maßnahmen ergriffen werden, so haben Sie außerdem das Recht,

Ihre Tätigkeit am betreffenden Arbeitsplatz ohne Verlust des Arbeitsentgelts und der Bezüge einzustellen, soweit dies zu Ihrem Schutz erforderlich ist.

Und besonders wichtig: Sie dürfen nicht benachteiligt werden, weil Sie sich gegen eine sexuelle Belästigung gewehrt haben, ganz gleich ob durch Arbeitgeber oder Dienstvorgesetzte.

Doch wie alle Gesetzeslagen hat natürlich auch diese einen Pferdefuß. Denn gerade im Fall einer sexuellen Belästigung ist es oftmals schwer, den Sachverhalt nachzuweisen. Ohne eine »festgestellte« Belästigung, so der Gesetzesjargon, greift das Gesetz nämlich nicht. Und meist gibt es gerade in diesen Fällen eben keine Zeugen oder das Ereignis selbst wird von Ihnen anders bewertet als von anderen. Doch auch hier sollten Sie nicht aufgeben.

Suchen Sie sich Verbündete!

Sollte der offizielle Weg für Sie nicht gangbar sein – der oft für Sie außerdem eine weitere Quälerei und wenig Positives bedeuten mag –, können Sie trotzdem einiges tun. Manchmal wirkt ein einfaches deutliches »Nein« schon Wunder. In jedem Fall muss klargestellt sein, dass sich dies nicht wiederholen darf.

Sprechen Sie in jedem Fall mit einer befreundeten Kollegin oder einem Kollegen oder einer anderen Person, der Sie vertrauen, darüber und bitten Sie um Rat und Hilfe. Sie oder er kann die Situation ebenfalls einschätzen, in die Sie als Opfer involviert sind, und ist nicht emotional betroffen. Sie können auch einen Kollegen oder eine Kollegin bitten, in den für Sie schwierigen Situationen als Beobachter oder als Schutz dabeizusein.

Eine Außenstehende oder ein Außenstehender mit mehr Distanz zur Sache hat auch vielleicht zusätzliche gute Ideen, wie Ihre Lage zu verändern ist. In dem Roman »Working Mum« von Allison Pearson wird der Fall einer sexuellen Belästigung auf ungewöhnliche Weise gelöst: Eine junge und unerfahrene Mitarbeiterin der Brokerin wird eines Tages damit konfrontiert, dass ein älterer Kollege ihr lachend Videos im Internet vorführt, die sie zeigen, während sie selbst nackt sexuelle Handlungen ausführt. Er hatte per Bildbearbeitung einfach ihren Kopf in einen Pornospot montiert. Sie ist völlig entsetzt und hilflos und wendet sich in ihrer Verzweiflung an ihre Kollegin um Hilfe. Sie beschließen, nicht den offiziellen Weg zu gehen, weil dies für die junge Kollegin nur Nachteile hätte, und setzen sich in einer Frauenrunde zusammen. Auch hier ist es gut, wenn Sie ein Netzwerk haben! Die Frauen überlegen, planen, haben viel Spaß dabei und anschließend wird der Kollege nach allen Regeln der Brokerkunst »reingelegt«. Sie bieten ihm ein hochgepushtes Unternehmen zum Kauf an, das kurze Zeit später Insolvenz anmeldet, und ziehen ihm per Fernsehinterview noch einmal die Hosen aus. Der Kollege verliert seinen Arbeitsplatz und wandert außerdem wegen seiner Pornoaktivitäten im Netz ins Gefängnis.

Dies ist natürlich Fiktion und im Roman geht alles besser als im Leben, aber ein wenig Mut und Anregungen können Sie sich auch hier holen.

Ganz grundsätzlich möchte ich es noch mal wiederholen und eines dringend raten: Wehren Sie sich!

Denn dulden Sie einen Übergriff auf Ihre Integrität, werden Sie schließlich selbst darunter leiden, obwohl Sie das nicht verdient haben! Deshalb sollten Sie etwas tun, um Ihre verletzte Privatsphäre zu schützen und wiederherzustellen. Doch tun Sie dies überlegt. Rachegedanken sind ja nicht verboten, aber in den meisten Fällen wird sich eine unüberlegte Aktion schnell zu Ihrem Nachteil auswirken. Deshalb gehen

Sie strategisch vor, planen Sie, was Sie unternehmen wollen, am besten mit anderen zusammen.

Und wenn Sie sich weiterhin schwach fühlen (obwohl Sie es gar nicht sind): Belegen Sie einmal einen Kurs zur Frauenselbstverteidigung, Judo oder Taekwondo. Auch wenn Sie sagen: Ich muss mich doch nicht körperlich wehren – in einem solchen Kurs werden Sie mehr Gefühl für Ihren Körper bekommen und konkrete Erfahrungen mit der Kraft machen, die in Ihnen steckt.

Im nächsten Kapitel möchte ich Ihnen nun zeigen, wie Sie sich den Rücken durch sinnvolle Organisation freihalten und den alltäglichen Stress verringern können.

»Ich bin gut organisiert!«

Oft sind es gar nicht die großen Entscheidungen, die unser Leben verändern, sondern es sind die täglichen tausend Sachen, die wir erledigen (oder nicht), die uns erfreuen (oder bedrücken), die uns weiterbringen (oder hemmen), die uns Spaß machen (oder zum Hals heraushängen). Auf dem Weg zu mehr Zufriedenheit und Erfolg kommt es deshalb auch auf die Qualität des »Handwerkszeugs« an.

Eben um dieses Handwerkszeug, oder moderner: um Selbstorganisation, geht es in diesem Kapitel. Ich möchte Ihnen bewährte Methoden zeigen, mit denen Sie im Beruf und privat:

✤ effizienter arbeiten;
✤ mehr Zeit für sich bekommen;
✤ mit der Papierflut auf Ihrem Schreibtisch besser fertig werden;
✤ Ihren Tag besser planen;
✤ Ihr Ziel besser erreichen;
✤ Stress verringern können.

Welcher Organisationstyp sind Sie?

Jeder Mensch hat eine ganz eigene Art, die tägliche Arbeit zu bewältigen. Wissen Sie schon, welcher Organisationstyp Sie sind? Danach richtet sich, wie Sie praktisch Ordnung in Ihr tägliches Leben, in Büro, Geschäft, ehrenamtliches Engagement und Haushalt bringen. Hier vier Beispiele – welchem Typ fühlen Sie sich am nächsten?

Alles Hülle – oder was?

Susanne, 33, Übersetzerin, gehört zur Spezies der Klarsicht-hüllen-Fetischisten. Sie kauft diese Dokumenten-Überzieher auf Vorrat. Wann immer sie einen »Vorgang« ablegt, wandert er – schwups – ins Phenyl. Sie liebt die seidige Kühle der Hüllen, empfindet ein sinnliches Vergnügen darin, alles Papier in ordentlichen Häufchen hinter Folie zu bringen. Wenn sie diese, wiederum dutzendweise ordentlich gebündelt, in Schränken und Regalen ablegt, ist ihre Welt in Ordnung. Während sie sie liebevoll abstaubt, betrachtet Susanne stolz ihre Schätze, im sicheren Gefühl, jederzeit wiederzufinden, was sie benötigt. Dass sie dafür jedesmal ziemlich lange braucht, stört sie nicht, weil es ihr die willkommene Gelegenheit bietet, Hülle für Hülle wieder einmal in die Hand zu nehmen.

Vorteil der Klarsichthüllen: schnelle, unkomplizierte Ablagemöglichkeit.

Nachteil: rutschiges System, schlechtes Wiederfinden der abgelegten Schriftstücke.

Lasst sie hängen!

Martina, 44, ist Rechtsanwältin. Ihre Arbeitswelt ist in Hunderte von Hänge-Mappen eingeteilt. Sie genießt das sanfte Surren der Schrankeinsätze, mit denen sie die blassbraunen oder hellblauen Mappen, ordentlich aufgereiht und mit kleinen »Reitern« versehen, herausziehen kann. Ihre Finger streichen über die Mappen, die ordentlich nach dem Alphabet verlaufen, und sie lässt gleich neue Einsätze installieren, wenn es in einer Reihe zu eng wird. Martina steht immer unter Zeitdruck, aber die Ordnung in ihren Schränken gibt ihr das Maß an Sicherheit, das sie vor dem Durchdrehen bewahrt.

Vorteil der Hängeregister: hilfreiche Ablage bei alphabe-
tischer Ordnung.

Nachteil: großer Platzbedarf durch Schrankeinsätze.

Lasst sie stehen!

Elisabeth, 29, kauft für eine Werbeagentur Foto- und Film-
material ein. Sie verschanzt sich an ihrem Schreibtisch hinter
drei Dutzend schwarzen Stehordnern. Sie hat weder Zeit noch
Lust, »Vorgänge anzulegen« oder Mappen zu beschriften. Sie
hasst starre Einteilungen und jeden Anschein von Bürokra-
tie. Damit sie trotzdem nicht vollends den Überblick verliert,
wirft sie die eingehenden Anforderungen und Foto-Liefe-
rungen in einen der Plastikkästen und knallt einen gelben
Selbstklebe-Zettel mit dem betreffenden Stichwort darauf.
Elisabeths Formulare, Rechnungen und Briefe sind leicht zu
erkennen: Sie haben fast alle lustige Eselsohren.

Vorteil der Stehordner: schnelle, direkte Ablage ohne Sor-
tierstress.

Nachteil: nur begrenzte Einsatzmenge, Schriftstücke leiden
unter dem Ex und Hopp.

Es lebe das kreative Chaos!

Carmen, 39, Journalistin, arbeitet an einem Schreibtisch, der
verflixt an die Schweizer Berge erinnert: links das Matterhorn
mit bedrohlicher Höhe, rechts die Eiger-Nordwand, die ein
einziges weiteres Blatt Papier zum Einsturz bringen könnte.
Sie träumt vom aufgeräumten Chef-Schreibtisch und schich-
tet derweil die Berge um. Weitere Stapel finden sich auf dem
Boden, auf der Fensterbank und rings um den Computer.

Carmen versucht das Chaos zu beherrschen, aber meistens beherrscht es sie. Ihre Kolleginnen bemerken verwundert, dass sie trotzdem in der Lage ist, mit einem Griff aus einem bedenklich schwankenden Papierturm das richtige Stück zu ziehen. Wenn sie in einer Gewaltaktion zumindest eine Art Hochebene auf ihrem Schreibtisch erreicht hat, wissen die anderen: Der Urlaub steht vor der Tür.

Vorteil der Chaos-Methode: ungebremste Kreativität ohne Ordnungstick.

Nachteil: räumliche Enge, Gefahr des Vergessens und Zeitverlust beim Suchen.

Und wie sieht Ihr Schreibtisch aus?

Der amerikanische Arbeitsforscher John Wareham hat herausgefunden, dass

+ aufgeräumte Schreibtische mehr Leistung garantieren;
+ sich auf Bürotischen aber durchschnittlich 36 Stunden unerledigte Arbeit stapeln;
+ nahezu jeder täglich 45 Minuten nach Unterlagen sucht.

Schuld daran sei aber, so der Wissenschaftler, weniger die persönliche Schlampigkeit als vielmehr die wachsende Papier- und E-Mail-Flut.

Erzählen Sie einer beliebigen Person von diesem Papierterror, mit dem Sie zu kämpfen haben, und sie wird Ihnen ihrerseits aufstöhnend ihr eigenes Leid damit klagen. Wir leben in einer Informationsgesellschaft, heißt es im Soziologendeutsch. Wir ersticken in Papier und elektronischer Post, so ist mein persönlicher Eindruck.

Geht es Ihnen auch so? Ich jedenfalls habe in meinem ganzen Leben noch nicht so viel Post bekommen wie heute. Das gilt für mein Büro genauso wie für daheim. Aber leider handelt es sich dabei viel zu selten um Verehrerpost oder um ausführliche, kleingeschriebene Lebensberichte von fernen Freundinnen.

Durch den Briefschlitz und in die Inbox rauschen stattdessen: Kontoauszüge und Steuerbescheide, Kreditkartenabrechnungen und Werbebriefe, Spams und Newsletters, Rechnungen und Mahnungen, Rundbriefe und Protokolle, Sonderangebote und Abrechnungen, Vereinszeitungen und Spendenaufrufe, Pressemitteilungen und Einladungen (leider selten zu rauschenden Festen, sondern meistens zu Versammlungen aller Art).

Der Papierkorb ist Ihr bester Freund!

Egal, zu welchem Ordnungstyp Sie gehören, egal, ob Sie zu Hause oder im Büro arbeiten: Wenn Sie Unordnung stört und Sie schneller und effektiver eingehende Post erledigen wollen, können Sie sich eine bestimmte Bearbeitungsweise angewöhnen. Aber seien Sie dabei großzügig – mit dem Wegwerfen. Auch für die elektronische Post gibt es ja einen sehr schönen Papierkorb. Ich empfehle Ihnen dafür ein mehrstufiges Prinzip:

+ Was müssen Sie von der eingehenden Post sofort erledigen? Dazu gehören Rechnungen, Aufträge oder Anfragen. Wenn's wirklich eilig ist und nicht länger als fünf Minuten dauert, tun Sie es gleich. Wie heißt es so schön: Aus den Augen, aus dem Sinn.

+ Was müssen Sie in dieser Woche erledigen? Legen Sie dies unter »Eingang« in einem bestimmten Ordner oder Kästchen ab – notieren Sie es aber vorher auf Ihrer »Zu-erledigen-Liste«, damit es nicht abhandenkommt (darüber mehr im nächsten Abschnitt).

+ Was müssen Sie irgendwann einmal lesen, studieren

oder im Archiv ablegen? Legen Sie das auf einen Extra-Stapel – aber nicht auf Ihrem Schreibtisch, sonst wird Ihr Horizont immer enger und der ständige Blick auf das Aufzuarbeitende schwächt Ihre Konzentration aufs Wesentliche! Haben Sie die Extra-Stapel auch nach vier Wochen noch nicht durcharbeiten können? Dann brauchen Sie das Zeug wohl auch nicht wirklich! Oder in Ihrer Arbeitsorganisation ist der Wurm drin. Dazu später mehr.

Wie Sie die Papierflut bändigen: in Hängeregistern, Stehordnern, Kästen, Leitzordnern, Hüllen, Mappen, bleibt letztendlich Ihrem persönlichen Geschmack überlassen. Nur ein Tipp dazu: Lose Blätter sind »lebendig« und lassen sich besser bearbeiten als gelochte und eingeheftete »begrabene«.

Den Rest werfen Sie gleich weg! Denn Sie werden es bestimmt nie wieder brauchen. Werbesendungen, Rundbriefe, Hausmitteilungen, Broschüren, Pressemitteilungen etc. Fassen Sie Mut und überlassen Sie diese gleich dem »Rundarchiv«, wie Kenner den Papierkorb nennen. Ich weiß, was ich Ihnen damit rate, ich bin nämlich selbst ein »Eichhörnchen« und kämpfe mit mir um jedes Schriftstück: »Bestimmt kann ich das noch einmal gebrauchen!« Papperlapapp! Untersuchungen von Arbeitsorganisations-Experten haben ergeben, dass nur ein Bruchteil von aufgehobenen Dokumenten jemals wieder verwendet wird!

Sie müssen ja nicht gleich so weit gehen wie ein guter Freund, der mir einmal folgenden Tipp gab: Stelle fünf Kästen nebeneinander auf: Lege alle ankommende Post ungeöffnet in den ersten Kasten. Öffne nur die Briefe, die du heute noch brauchst oder nach denen du an diesem Tag gefragt wirst. Alle anderen transportiere am nächsten Tag in den nächsten Kasten. Was wiederum am 2. Tag nicht nachgefragt wird, schaufele in den 3. Kasten und so fort. Alles, wonach nach einer Arbeitswoche niemand gefragt hat, ist überflüssig: Das wirfst du ungeöffnet weg!

Auch bei der großzügigsten Behandlung bleibt Ihnen noch ausreichend Papier, wirkliches wie elektronisches, das Sie lesen, bearbeiten, weiterleiten oder was immer müssen. Deshalb geht es jetzt um die nächsten Profi-Methoden zum Thema Zeitsparen.

Schneller lesen!

Das wünschen sich alle Menschen, die beruflich viel mit Geschriebenem zu tun haben: schneller lesen zu können. Der Beratermarkt hat sich darauf eingestellt: Sie können sich für Tausende von Euro in einem Seminar in die Kunst einweisen lassen; nach meditativer Entspannung einer sanften Stimme auf einer CD lauschen und unter einem Dutzend Büchern zum Thema wählen. Sie können aber auch vorab die folgenden Tipps beherzigen:

1.) Vergessen Sie die Warnung »Finger weg!« und benutzen Sie ruhig Ihre Hand (oder ersatzweise einen Stift oder Marker), um den Zeilen großzügig zu folgen. Sie leiten damit Ihre Augen schnell und sicher übers Blatt.

2.) Überlegen Sie vorher, worauf es Ihnen in diesem Dokument ankommt. Lassen Sie Ihre Augen nach diesen Stichworten suchen. Sie wirken dann wie ein Sieb, durch das unnützes Beiwerk fallen kann, während die wirklich interessanten Begriffe hängenbleiben.

3.) Beginnen Sie nicht, sich festzulesen, das kostet sehr viel Zeit, sondern »sehen« Sie sich den Text nur an.

4.) Üben Sie sich im »Querlesen«, also führen Sie Blick und Finger von der linken oberen Blattecke in die rechte untere, damit erfassen Ihre Augen den gesamten Text in wesentlich kürzerer Zeit und die einschlägigen Stichworte fallen Ihnen auf.

5.) Als Unterstützung können Sie sich die entscheidenden Worte oder Abschnitte mit einem bunten Marker kennzeichnen. Aber Vorsicht: Einzelne Stellen eignen sich gut zum Markieren, aber seien Sie sparsam: Es hilft Ihnen hinterher kaum etwas, wenn drei Viertel der Seite quietschgrün sind!

6.) Um sich wichtige Fakten noch einmal einzuprägen, sollten Sie sie nach der Lektüre kurz schriftlich zusammenfassen.

Zeitmanagement – aber sinnvoll!

O Gott, wo fange ich an? Kennen Sie diesen Stoßseufzer angesichts Ihres Schreibtischs, Ihrer Küche oder Ihres Geschäfts? Zeitmanagement heißt das Zauberwort, das seit einigen Jahren alle in seinen Bann zieht, die über zu wenig Zeit klagen: Sie verwenden jeden Tag Stunden dafür, Ihre Aktivitäten heute, morgen, nächste Woche, nächsten Oktober, im Jahre 2009 akribisch in fünferlei Listen in Ihren Time-Planner oder das entsprechende PC-Programm zu übertragen.

Ich habe inzwischen ehrlich gesagt Zweifel, ob das blinde Zeit-Eifern tatsächlich den erhofften Erfolg bringt. Wovon ich aber zweifelsfrei überzeugt bin, ist, dass eine gewisse Vorplanung die Arbeit stressfreier ablaufen lässt. Indem wir einen Teil unseres Tages sinnvoll vorbereiten, behalten wir den Überblick, verzetteln uns nicht, können Erledigtes abhaken und uns Zeit zum kreativen Nachdenken schaffen.

Sie brauchen dazu nicht unbedingt ein 250-Euro-Schlangenlederimitat-schreibunterlagengroßes Zeitplanbuch oder ein ausgefeiltes elektronisches Gerät auf dem Stand neuester Technik. Ein Taschenkalender ohne viel Schnickschnack und Weltzeitkarte tut es auch. (Wenn Sie das Gefühl von Freiheit und Coolness lieben und brauchen, dann suchen Sie sich wenigstens den schicksten aller Time-Planner dazu aus! Das Auge isst schließlich auch mit.)

Wie Ihre tägliche »To-do-/Zu-erledigen-Liste« aussehen sollte:

+ Verplanen Sie höchstens 50 Prozent Ihres Tages. Alles andere ist unrealistisch. Arbeitstage zeichnen sich in der Regel dadurch aus, dass Sie vor lauter Unvorhergesehenem nicht zum Geplanten kommen. Und eine zu starre Planung lässt Sie unflexibel werden (was Sie gegen ständige Störungen tun können, erfahren Sie etwas später).

+ Überlegen Sie am Morgen kurz, was Sie an diesem Tag unbedingt erledigen wollen oder müssen. Oder was vom Vortag liegengeblieben ist. Schreiben Sie sich die Stichworte auf, dann brauchen Sie nicht ständig das Hirn zu martern, woran Sie doch noch denken wollten. Der tägliche Weg zur Arbeit, ganz gleich, wie Sie ihn zurücklegen, ist beispielsweise eine herrliche Gelegenheit, diese Liste (im Kopf) zu erstellen. Oder die erste Tasse Kaffee oder Tee am Schreibtisch. Um bei ihr in Ruhe nachzudenken, sollten Sie dieses Zeremoniell pflegen.

+ Teilen Sie Ihre Vorhaben nach Prioritäten ein. Bezeichnen Sie die wichtigsten Arbeiten mit einem »A«, die zweitwichtigsten mit einem »B« und die Sachen, die Sie auch noch tun sollten, mit »C«. Also: Welche Termine müssen Sie verabreden oder einhalten? Mit wem müssen Sie worüber sprechen? Welche Arbeiten müssen heute vom Tisch? Welche Aufträge müssen Sie vergeben? Nach dieser »ABC«-Methode sorgen Sie dafür, dass die wichtigsten Aufgaben auf jeden Fall erledigt werden!
Kennen Sie das Pareto-Prinzip? Man nennt es auch die 80-zu-20-Regel. Der Italiener Pareto hat herausgefunden, dass bereits 20 Prozent des Aufwandes 80 Prozent der Ergebnisse bringen. Das heißt, wenn Sie die wichtigsten 20 Prozent Ihrer Arbeit erkennen und leisten (also die

A-Aufgaben), haben Sie bereits das meiste für den Erfolg getan.

✢ Haken Sie ab, was Sie geschafft haben. Oder streichen Sie es mit einem dicken roten Stift durch. Dieser Akt verschafft Ihnen eine sinnliche Befriedigung und der bedrohliche Eisberg, der morgens noch vor Ihnen lag, schmilzt nach und nach weg.

✢ Genießen Sie Ihren Erfolg, wenn Sie unangenehme Aufgaben abhaken konnten. Rufen Sie sich immer wieder ins Gedächtnis, welchen Vorteil 30 ekelhafte Arbeits-Minuten gegenüber drei Tagen mit schlechtem Gewissen haben! Und belohnen Sie sich für besondere Anstrengungen: Feiern Sie Ihren Erfolg. Gönnen Sie sich das Lieblingsteil, das Sie sich immer schon kaufen wollten. Erzählen Sie Ihrem besten Freund, Ihrer Freundin von Ihrem Sieg.

✢ Die beste Arbeit ist die, die Sie nicht machen müssen! Stimmt's? Überlegen Sie zwischendurch ruhig immer wieder, welche Arbeiten Sie delegieren können. Und tun Sie's dann auch schnell, damit Sie Ihr Gehirn nicht länger damit blockieren.

✢ Lassen Sie am Abend Ihren Tag Revue passieren. Was ist gut gelaufen und was hätte besser sein können? Dazu brauchen Sie wiederum keine vorgegebene Struktur. »Meditation im Alltag« nenne ich diese Momente – beim Warten auf den Bus, im Auto vor der roten Ampel, beim Bügeln oder beim Küchenaufräumen –, in denen ich den Tag abschließe, meine eigene Bilanz ziehe und neue Pläne schmiede.

Haben Sie es schon gemerkt? In welcher Situation Sie auch stecken, dieses Zeitplan-System können Sie so gut wie immer anwenden: als Managerin wie als Sekretärin, als Geschäftsfrau wie als Hausfrau, als Studentin wie als Professorin, als Erzieherin wie als Kindergartenmutter. Nutzen und variieren

Sie es nach Ihren Bedürfnissen, schustern Sie sich Ihr eigenes Erfolgsprogramm. Und befreien Sie sich so gut es geht von fremdbestimmter Hektik.

Vorsicht, Zeitdiebe!

Hach, ich höre da Ihr raues Auflachen: Einmal etwas zu Ende bearbeiten, ohne gestört zu werden, das wäre Ihr Traum?

Ich kenne das, in früheren Zeiten in der Redaktion kam ich manchmal erst abends dazu, überhaupt die Post zu sichten, weil a) ununterbrochen das Telefon klingelte oder b) Kolleginnen ständig etwas von mir brauchten oder c) ich ganz schnell etwas für meine Chefinnen fertigstellen musste.

Ab und zu ist eine solche schwindelerregende Hektik ja ganz in Ordnung. Aber wenn darüber zu viel liegenbleibt, was auch wichtig ist und getan werden muss, dann sollten Sie eingreifen. Analysieren Sie über einen gewissen Zeitraum hinweg, wo die Störungsquellen liegen:

- ✤ Ist es das Telefon?
- ✤ Platzt ständig jemand bei Ihnen herein, der sich »nur mal so« mit Ihnen unterhalten möchte?
- ✤ Werden Sie mit Aufträgen überhäuft?
- ✤ Landet erst einmal alles auf Ihrem Tisch?
- ✤ Fehlt Ihnen selbst die Konzentration?

Nachdem Sie die Zeitdiebe erst einmal ausgemacht haben, können Sie überlegen, wie Sie ihnen ihre Beute wieder abjagen:

So werden Sie zum echten Telefonprofi

Wenn das Telefon der Störenfried Nummer eins in Ihrem Arbeitsalltag ist, versuchen Sie es zu dressieren. Wenn es irgend möglich ist, vereinbaren Sie mit Ihren Anrufern bestimmte

Telefonzeitblöcke: beispielsweise von 9 bis 10 Uhr oder nachmittags von 14 bis 15 Uhr. Ihre Kunden oder Geschäftspartner sind vielleicht ganz froh, wenn sie wissen, dass sie Sie nachmittags in Ruhe sprechen können, während Sie morgens vor lauter Hektik nicht genug Zeit hätten.

Sitzen Sie an wichtigen Arbeiten, zum Beispiel der Ausarbeitung eines Berichts oder einer Bestellliste, verabreden Sie mit Kollegen, dem Sekretariat oder der Telefonzentrale, dass Sie zumindest für einige Zeit abgeschirmt werden. Immer mehr Firmen gehen dazu über, ihren Mitarbeitern individuelle Anrufbeantworter zu installieren, auf denen sie wichtige Gespräche aufzeichnen und zur gegebenen Zeit abhören können. (Einfach auf ein Telefonläuten nicht zu reagieren, empfiehlt sich übrigens nicht: Es könnte schließlich Hollywood oder ein anderer sehr wichtiger Anrufer dran sein.)

Werden Sie während einer Arbeit vom Telefon gestört, nehmen Sie sich vor dem Abheben wenigstens drei Atemzüge Zeit, Ihren Satz zu vollenden, die Stelle zu markieren, an der Sie waren, und Ihre Gedanken zu sammeln. Notieren Sie dann in Stichworten den Inhalt des Anrufs, wenn er wichtig war: Was müssen Sie erledigen, mit wem sollen Sie worüber sprechen? Dann fällt es Ihnen leichter, nach dem Gespräch den roten Faden in Ihrer Arbeit wiederzufinden.

Small-Talk

Es ist wichtig, sich mit Kollegen und Kolleginnen zu unterhalten, den neuesten Firmen-Tratsch auszutauschen, auch mal etwas Persönliches zu erzählen, aber Sie selbst sollten bestimmen, wann Sie das tun. Platzen liebe Mitmenschen gerade dann in Ihr Zimmer, wenn Sie an einer wichtigen Arbeit sitzen, treten Sie entschieden auf. Fragen Sie kurz, worum es geht, und erzählen Sie dann, wie wichtig das ist, was Sie gerade tun. Jeder wird Verständnis dafür haben, wenn Sie freundlich, aber bestimmt sagen, dass Sie im Augenblick keine

Zeit haben. Nennen Sie einen späteren Zeitpunkt, an dem Sie gern zu einem Pläuschchen bereit sein werden.

Ihr Projekt geht vor!

Es gibt sie ja doch immer noch, die lieben Kollegen oder Chefs, die gerne unliebsame Arbeiten loswerden wollen. Und wie es das Schicksal will, landen viele Dinge auf Ihrem Tisch? Mal die eine oder andere Aufgabe zusätzlich zu übernehmen, ist sicher kein Beinbruch, doch wenn darunter die Arbeiten leiden (oder Sie selbst bis in die Nacht im Büro sitzen, weil andere lieber Golf spielen gehen), ist es Zeit, klare Verhältnisse zu schaffen. Sicher wollen Sie nicht als »Zicke« oder »Arbeitsverweigerin« dastehen, doch ein klarer Auftritt in eigener Sache kann nur einen guten Eindruck hinterlassen. Dies zeigt nämlich, dass Sie selbst Ihre Arbeit und Ihre Projekte wertschätzen, anstatt immer das »Schaf« für andere zu spielen. Orientieren Sie sich stets zuerst an Ihren Wünschen, an dem, was Sie beruflich erreichen wollen. So kann es sicher nicht sein, dass Sie nichts lieber wollen, als die Liste x mit den Kundendaten Ihres Kollegen noch mal Korrektur zu lesen, die Ihnen so fremd ist wie nur irgendwas. Es gibt natürlich immer Fälle, wo es heißt: »Eine Hand wäscht die andere.« Denken Sie strategisch und übernehmen Sie dann Dinge, wenn sie Ihnen beruflich wirklich weiterhelfen. Und bei allen anderen? Erinnern Sie sich an den Abschnitt zum Thema »Nein« sagen? Die dort vorgestellten Strategien (Kapitel 2, ab Seite 85) können Sie prima bei solchen Gelegenheiten nutzen.

Erkennen Sie Ihre Leistungskurve

Kein Mensch kann acht (oder gar zehn) Stunden am Stück Höchstleistungen bringen! Und das Tag für Tag. Erst in den letzten Jahren sind Wissenschaftler zunehmend den Leistungskurven auf die Spur gekommen. »Bio-Rhythmus« nennt man die Abschnitte der Hochs und Tiefs, oder »ultradiane Rhythmen«, wie der amerikanische Hypnotherapeut Ernest Rossi. Er hat in einem Beitrag der Zeitschrift »Psychologie heute« diese Rhythmen anschaulich beschrieben.

Danach lassen unsere Konzentrationsfähigkeit und die Gedächtnisleistung alle eineinhalb Stunden nach. Bei Schülern nimmt man schon lange Rücksicht darauf: Sie lernen bereits im Eineinhalb-Stunden-Takt. Aber bei Berufstätigen beginnt sich die Erkenntnis über den individuellen Arbeitstakt erst langsam herumzusprechen.

Beobachten Sie sich doch einmal selbst über einen Arbeitstag hinweg: Wann haben Sie eine Hochphase, in der Sie vor Konzentration und Leistungskraft sprühen, in der sich die Arbeit quasi von selbst erledigt? Und wann schleppen Sie sich durch die Arbeit, machen die meisten Fehler, fehlt Ihnen die Konzentration?

Rossi glaubt, dass sich Menschen, die sich Ihres Rhythmus nicht bewusst sind und ihn sogar ignorieren, unter Stress setzen und auf Dauer krank werden. Vor allem Menschen, die geistige Arbeit leisten, viele Stunden sitzen und auf eine Tätigkeit konzentriert sind, überhören die Signale ihres Körpers. Und der antwortet oft mit Krankheiten: Kopfschmerzen oder Migräne beispielsweise.

Leider können die wenigsten von uns ihren Arbeitsrhythmus völlig autonom gestalten. Aber wir können trotzdem mehr auf unseren Körper achten: Wann werden die Augen schwer und gehorchen die Finger, z. B. beim Tippen, nicht mehr? Wann schweifen meine Gedanken ständig ab und wann habe ich Wortfindungsschwierigkeiten?

In einer solchen Tiefphase kann ich aufstehen, mich strecken, gähnen, ein paar Schritte gehen, aus dem Fenster schauen, ein paar Minuten vor mich hin träumen. Oder ich kann, wenn ich meinen Takt einmal kenne, sehr wichtige Arbeiten in eine Hochphase legen und in einer Tiefphase Routinekram erledigen oder die Zeit nutzen, meine Gedanken zu einer bestimmten Arbeit einfach schweifen zu lassen. Ich bin dann nur äußerlich untätig, mein Unterbewusstsein arbeitet schließlich weiter: »Inspiration« nennt sich das.

Natürlich können wir schlecht eine Konferenz oder ein Kundengespräch verschieben lassen, nur weil wir nicht so gut »drauf« sind. Brauchen wir auch nicht, meint Rossi. Besondere Situationen sorgen durch einen Hormonstoß dafür, dass wir im richtigen Augenblick wach und fit sind. Nur wenn wir auf Dauer durch das Ignorieren der Tiefphase ständig Stresshormone ausschütten oder uns mit »Ersatzhormonen« wie Kaffee, Tabletten oder Alkohol aufputschen, werfen wir unseren natürlichen Rhythmus aus dem Gleis.

Firmen, vor allem in den USA, haben übrigens gute Erfahrungen damit gemacht, den Bio-Rhythmus ihrer Mitarbeiter stärker zu berücksichtigen: Die Fehlerquote sinkt und die Arbeitsqualität steigt, wenn jeder Einzelne in Tiefphasen ausspannen kann und die Hochs nutzt.

Zeit für Visionen

Was machen wir nun aber mit all der vielen Zeit, die wir durch eine bessere Selbstorganisation gewonnen haben? Wir können mit unseren Kindern spielen, mit dem Partner reden, uns mit Freunden treffen, spannende Bücher lesen, Filme gucken, spazieren gehen, Sport treiben. Und wir können uns mehr mit uns selbst beschäftigen, können öfter in uns hineinhorchen. Was strebe ich an? Wie erreiche ich es? Auch die Zukunftsplanung gehört zur Selbstorganisation. Wenn ich ein klares Bild von der Zukunft habe, kann ich die Dinge aktiv steuern, um sie auch zu erreichen.

Eine wunderbare Methode, dies zu tun, ist mit Hilfe von »Visionen«. Im entspannten, ruhigen Zustand lasse ich meine Gedanken in die Zukunft schweifen. Einmal in die fernere

Zukunft: Was werde ich in fünf Jahren tun? Wie werde ich auftreten? Was werde ich erreicht haben? Versuchen Sie, dies vor Ihrem inneren Auge Revue passieren zu lassen. Sehen Sie sich, erfolgreich, zufrieden, glücklich.

Aber auch auf näherliegende Aufgaben können Sie sich mit Hilfe von Visionen vorbereiten: Sie stehen vor einer Gehaltsverhandlung oder vor einem wichtigen Kundengespräch? Sie müssen mit der Lehrerin Ihres Kindes verhandeln oder mit dem Hausbesitzer? Sie wollen einen Bankkredit oder Ihre Traumstelle? Auf jeden Fall: Sie möchten möglichst viel erreichen? Dann spielen Sie diese Situation durch. Geben Sie sich als Vorgabe, dass Sie sie erfolgreich bestehen werden. Suchen Sie sich für diese Übung einen ruhigen Raum, in dem Sie ungestört sind. Schließen Sie nun die Augen, atmen Sie ruhig, »switchen« Sie sich in die Verhandlung:

+ Mit wem sitzen Sie zusammen?
+ Wie bringen Sie Ihre Forderungen vor?
+ Wie reagieren Sie auf Einwände von der anderen Seite?
+ Worauf einigen Sie sich?
+ Wie gehen Sie schließlich hinaus?

Versuchen Sie dann in der konkreten Situation, sich an diese Vision zu erinnern, an das gute Gefühl, an das Selbstverständnis, das Sie darin erlebt haben. Es wird Ihnen Stärke geben, Ihre Position zu vertreten und erfolgreich aus der Verhandlung hinauszugehen. Wie und womit Sie in solchen Verhandlungen argumentieren können, dazu komme ich später im Kapitel »Ich zeige mich!«.

Dauerthema: Stress

In einer weltweiten Untersuchung zusammen mit anderen Frauenzeitschriften hat COSMOPOLITAN vor einigen Jahren herausgefunden: Deutsche Frauen sind Weltmeister in Sachen Stress. Sie leiden mehr darunter als Frauen in Japan, Brasilien, Australien oder den USA. Jede zweite Frau hier bei uns empfindet Stress als »sehr stark«, jede achte kennt überhaupt keinen Tag ohne ihn. Und nur für fünf Prozent ist Stress ein Fremdwort. Was stresst uns konkret? Es sind: zu viel Arbeit, Überstunden, Termindruck, zu geringe Bezahlung, mangelnde Aussicht auf Beförderung, der Vorgesetzte, die Angst vor Fehlern (in der Reihenfolge).

Vor allem aber stressen wir uns selbst. Meinen viele Psychologen, die Stressbewältigungsseminare anbieten. Denn Stress, so beispielsweise die Frankfurter Trainerin Adelheid Schramm-Meindel, »ist immer ein inneres Gefühl und hat etwas damit zu tun, welche Anforderungen ich an mich selbst stelle«.

Was heißt das? Die meisten Frauen wollen perfekt sein, im Beruf, in der Partnerschaft, als Mutter und Hausfrau. Wenn wir Stress abbauen wollen, müssen wir also beginnen, unsere eigenen Erwartungen an uns selbst herunterzuschrauben. Das heißt auch, unseren Mitmenschen sagen zu können: »Es wird zu viel für mich. Ich kann nicht mehr. Nehmt mir bitte Arbeit ab.«

Sind Sie in eine solche Situation geraten? Oder merken Sie, dass Sie vor einem Supervulkan stehen, der ausbricht, wenn Sie nicht schnell etwas unternehmen? Keine Angst, dies ist ein ganz menschliches Gefühl. Denn die meisten Probleme sind lösbar. Hier habe ich Ihnen einige erprobte Stress-Soforthilfe-Lösungen zusammengestellt, die ein wenig Erleichterung verschaffen können, eine Atempause.

Die Einzelkämpferin ist out

Müssen Sie wirklich alles selbst machen? Die Kinder überall hinfahren, Geld verdienen, Nachhilfestunden geben, täglich ein frisches Essen kochen, die Wohnung putzen, den Rasen mähen, die kranken Eltern betreuen? Gönnen Sie sich eine Atempause. Überlegen Sie sich, welche der Arbeiten auch jemand anderes erledigen könnte. Vielleicht wartet die aktive Oma ja nur darauf, dass sie gefragt wird, ob sie die Enkelin zur Klavierstunde bringen kann. Oder – wieviel Geld kostet ein Student, der bei Ihnen einmal im Monat den Rasen mäht?

Suchen Sie sich Unterstützung

Es gibt Lebenslagen, die einfach Unterstützung erfordern. Hierzu ein Beispiel: Eine Freundin von mir ist die Mutter von drei Kindern, das ältere war noch nicht zwei Jahre alt, als die Zwillinge geboren wurden. Sie hatte das Glück, schon vor der Geburt der Zwillinge eine Hebamme zu haben, die sich auskannte. Von Anfang an sagte diese: Hol dir Hilfe, du brauchst jemanden. Es wird zwar Geld kosten, aber das Geld ist gut angelegt: Denn es ist deine Gesundheit und es sind deine Nerven, die es dich sonst kosten wird. Sie hat auf diesen Rat gehört, konnte sogar in ihrem Beruf eingeschränkt weiterarbeiten und ist wirklich froh darum. Heute, wenn ihr jemand erklärt, dass es ja »Luxus« wäre, dass sie jeden Tag ein Kindermädchen und einmal die Woche eine Haushaltshilfe beschäftige, kann sie nur müde lächeln.

Wenn Sie also das nächste Mal den Lebenslauf einer Frau sehen, die eine Top-Karriere hingelegt sowie vier Kinder bekommen hat und eine glückliche Ehe führt: Seien Sie sicher: Diese Frau hat eine Menge Leute hinter sich, die sie unterstützen. Und ein ausgeprägtes Talent zu delegieren.

Und wie sieht Ihr Reiseteam aus?

Ich kann Ihnen nur raten: Ganz egal, vor welchen Herausforderungen Sie derzeit stehen, stellen Sie sich ein frisches Reiseteam für Ihre Unternehmung zusammen.

Ich zum Beispiel kann mir ein Leben ohne meine Office Managerin Monika Jonza gar nicht mehr vorstellen. Ich kann ihr hundertprozentig vertrauen, sie ist nicht nur meine rechte, sondern manchmal auch meine linke Hand. Auch durch ihre gute Art, mit den Kunden umzugehen, ihr Verhandlungsgeschick und ihre Zuverlässigkeit habe ich meine Auftragslage in den letzten sechs Jahren um einiges vervielfachen können. Sie hält mir den Rücken frei und übt totale Loyalität. Außerdem ist sie mir eine gute Freundin geworden. Ein Geschenk! Sie einzustellen war die beste Investition.

Überfordern Sie sich nicht!

Wenn Sie merken, »das wird mir alles zu viel«, ist das ein Warnsignal, das Sie ernst nehmen sollten.

Auch hierzu ein Beispiel: Eine Bekannte X hatte mehrere anspruchsvolle Aufträge gleichzeitig angenommen, weil sie sich von allen drei Aufträgen eine Menge versprach, nicht nur finanziell. Doch nach einiger Zeit merkte sie: Ich schaffe das nicht mehr, das macht mich völlig fertig! Und ich will das nicht mehr! Sie kam zu mir, als sie nicht mehr weiterwusste. Sie war außerdem so überarbeitet, dass ihr Arzt ihr schon eine Schlafkur empfohlen hatte.

Ich arbeitete mit ihr an einem passenden Zeitmanagement. Wir setzten außerdem das Ziel für sie fest, dass sie jeden Tag eine halbe Stunde lang etwas nur für sich tat. Zusätzlich schlug ich ihr die »Controlling-Methode« vor: Sie sollte eine Freundin bitten, die mit mir vereinbarten Ziele abzufragen, auch jeweils täglich.

Als ich sie nach einiger Zeit wiedersah, machte sie einen ganz anderen Eindruck als beim ersten Coaching. Sie war einfach gelöster, ihre Anspannung war fast weg. Sie erzählte, dass sie durch unser Gespräch mehr innere Ruhe bekommen hatte. So hatte sie mit einem der drei Auftraggeber einen zeitlichen Aufschub vereinbaren können. Sie hatte außerdem entschieden, einen der drei Aufträge abzusagen. Und sie hatte sich ein Café ausgesucht, in dem sie nun regelmäßig verkehrte, jeden Tag eine halbe Stunde lang. Auf diese Weise hatte sie schon eine Menge netter Gespräche geführt – ganz ohne Stress.

Es muss nicht alles auf einmal klappen: Auch im privaten Leben haben Menschen viele Erwartungen an sich. Manche meinen, sie könnten erst dann wirklich glücklich werden, wenn sie zum Beispiel 20 Kilo abnehmen, mehr Geld zur Verfügung haben und eine neue Beziehung anfangen. Mein Rat: So viel auf einmal schafft kein Mensch. Ich glaube auch nicht, dass ich mein Leben durch ein bisschen Nachdenken, Gymnastik und gesunde Ernährung an einem Wochenende dauerhaft und von Grund auf ändern kann. Es ist ein Wahn zu glauben, ich könnte mein Leben auf einmal umschmeißen. Es sind in Wirklichkeit Minimäuseschritte, mit denen ich ganz langsam einzelne Aspekte verändern kann. Das Beharrungsvermögen und die Trägheit von uns Menschen sind enorm. Zum Glück! Gehen Sie Schritt für Schritt vor und freuen Sie sich auch über die kleinen Erfolge auf dem Weg zu Ihrem Ziel.

Um den Stress in alltäglichen Situationen abzubauen, können Sie jede Methode, die ich Ihnen unter Selbstorganisation weiter vorn vorgestellt habe, benutzen: das gezielte Ablehnen und Neinsagen wie das Delegieren, die Prioritätenliste wie Visionsübungen. Zusätzlich empfehle ich Ihnen alle Methoden, mit denen Sie lernen, sich zu entspannen, ob Yoga oder Bioenergetik, Tanzen oder Meditation. Damit können Sie nicht nur Körper und Geist entlasten, sondern auch Ihr Inneres mal wieder zu Wort kommen lassen: Wie geht es mir? Was brauche ich? Was ertrage ich nicht länger? Diese Erkennt-

nisse können Sie dann wiederum in praktische Selbstorganisation umsetzen – im Beruf und im Privatleben. »Balancing«
heißt diese Methode, die ich in meinem gleichnamigen Buch
ja schon ausführlich beschrieben habe. Langfristig kommen
Sie damit zu einer inneren Balance, die Sie resistent gegen
Stress macht.

Wie Sie finanziell noch besser planen und vorsorgen können,
um auch auf diesem Gebiet eine entspannte Lebenshaltung
und mehr Stärke zu bekommen, erfahren Sie im nächsten
Kapitel.

»Meine Finanzen stimmen!«

In diesem Kapitel geht es um Ihre finanzielle Selbständigkeit. Glücklicherweise ist das Thema Geld heute bei vielen Frauen nicht mehr das große Tabu, wie es vielleicht noch vor wenigen Jahren der Fall war. Ich möchte Ihnen Lust darauf machen, sich diesem spannenden Thema im Zusammenhang mit Ihrer eigenen Lebensplanung zu widmen. Und ich möchte Ihnen helfen, soweit Sie es nicht sowieso schon tun, auch diesen Teil Ihres Lebens selbst in die Hand zu nehmen – um selbst die Richtung zu bestimmen, in der es weitergehen soll, um unabhängig(er) von Beratern zu werden und für die Zukunft vorzusorgen.

Sind Sie über 20 und verdienen Sie Ihr erstes eigenes Geld? Dann ist dieses Kapitel wichtig für Sie.

Sind Sie über 30, verdienen Sie sehr gut und haben Geld übrig, das Sie gern gewinnbringend anlegen würden? Dann ist dieses Kapitel besonders wichtig für Sie.

Sind Sie über 35, Hausfrau und Mutter, verdienen kein oder nur wenig eigenes Geld und sind auf den »Unterhalt« Ihres Ehemanns angewiesen? Dann ist dieses Kapitel ganz besonders wichtig für Sie.

Sind Sie über 40, berufstätig oder nach der Familienphase wieder in den Beruf eingestiegen? Dann ist dieses Kapitel extrem wichtig für Sie.

Es geht um Ihr Geld

Was will ich damit sagen? Es gibt keine Frau, der etwas Nachhilfeunterricht in Sachen Geld nicht guttun würde. Auch wenn die persönliche Lebenssituation jeder Einzelnen noch so unterschiedlich sein mag – eins verbindet sie alle: Die meisten Frauen kümmern sich zu wenig um ihre Finanzlage – die aktuelle und die künftige! Sollten Sie zu den ganz wenigen Frauen in Deutschland gehören, die finanziell völlig unabhängig sind, sich in Geldfragen gut auskennen, die ihre Altersversorgung optimal gesichert haben und das kleine Einmaleins der Geldanlage perfekt beherrschen, dann besitzen Sie meine Hochachtung! Leider sind es eben doch viel zu wenige, die ihre Zukunft finanziell gut geplant haben. Die Folgen sind, dass Sie später, im Alter, viel zu wenig Geld zur Verfügung haben werden. Es soll Ihnen nicht so gehen wie den Müttern und Großmüttern: 2001 lagen 80 Prozent der Frauenaltersrenten unter 1200 Mark. Eine Frau, die dies nicht so erleben möchte, muss sich heute um ihr zukünftiges Geld kümmern. Und Sie machen damit garantiert nichts falsch, denn, wie die Finanzberaterin Svea Kuschel so schön sagt: »Geld steht jeder Frau.« Um Ihnen den Einstieg in das zugegebenermaßen komplexe und nach wie vor lästige Thema zu erleichtern, verspreche ich, dass ich ödes Bankdeutsch vermeiden und viele Beispiele aus dem richtigen Leben schildern werde. Und so können Sie sicher den ein oder anderen Tipp gewinnbringend für sich umsetzen.

Frauen und Geld – dieses Thema finden Sie inzwischen in fast jeder Frauenzeitschrift, aber ich verrate Ihnen auch kein Geheimnis, wenn ich Ihnen sage, dass dieses Thema nicht gerade das ist, was die Frauen zur Stürmung des Zeitschriftenregals bewegt. Das ist schade (nicht nur für die Zeitschriften), aber mehr noch: Es ist verhängnisvoll. Weil ihr gelangweiltes Desinteresse allein in Deutschland Frauen Milliarden von Euro kostet! Und weil es unter anderem schuld daran ist, dass Frauen mehr als nötig von anderen abhängig sind: von ihren Ehemännern, von ihren Ex-Ehemännern, von ihren Eltern, von ihren Freunden, von ihren Bankberatern, von ihren Steuerberatern und von ihren Versicherungsvertretern oder von einer staatlichen Unterstützung, zum Beispiel vom Arbeitslosengeld II.

Das liegt nun nicht daran, dass Frauen die Intelligenz fehlen würde, sich um ihre Finanzen zu kümmern. Aber: Der Umgang mit Geld hat für sie keine Tradition. Noch zum Beginn des vergangenen Jahrhunderts waren Frauen finanziell völlig von Männern abhängig: Von ihren Vätern wurden sie und ihre Geldgeschäfte ihrem Ehemann übergeben. Unverheiratete Frauen blieben ihr Leben lang in der Abhängigkeit ihrer Brüder.

Erst als Frauen eigenes Geld verdienten, änderte sich dies langsam. Und sogar erst vor weniger als fünf Jahrzehnten, nämlich im Jahr 1958, wurde das Bürgerliche Gesetzbuch dahingehend geändert, dass Frauen tatsächlich über das Familieneinkommen mitbestimmen durften. Bis dahin herrschte das Prinzip der Versorgerehe: Der Mann ging arbeiten, verdiente das Geld, die Frau hatte Hausarbeit zu leisten und die Kinder zu erziehen. Alle finanziellen Entscheidungen oblagen allein dem Haushaltsvorstand – und das war schlussendlich der Mann. Selbst darüber, ob die Ehefrau berufstätig werden durfte oder nicht, hatte bis zum Jahr 1976 (!) allein ihr Mann zu bestimmen (der § 1356 Bürgerliches Gesetzbuch sagt heute, dass beide Ehegatten berechtigt sind, erwerbstätig zu sein).

Sie werden dies kaum glauben, aber: Das war nicht im finsteren Mittelalter. Sondern vor wenigen Jahrzehnten. Sie sehen, wie jung die Möglichkeit noch ist, dass eine Frau über eigenes, selbstverdientes Geld selbstbestimmt verfügen darf. Was für ein Wunder, dass der Umgang mit Geld vielen von uns »unweiblich« erscheint. Dass das Streben nach mehr Geld, zum Beispiel das bewusste Einsetzen von Geld als Kapitalanlage, vielen Frauen irgendwie »unmoralisch« zu sein scheint.

Das trifft übrigens oft sogar auf Frauen zu, von denen wir annehmen würden, dass sie aufgrund ihres beruflichen Erfolgs, ihrer Lebenserfahrung oder ihrer Ausbildung souverän mit Geld umgehen könnten.

Ein paar Beispiele zeigen Ihnen, wie Sie es nicht machen sollten:

- Frauen verlangen in der Regel nur halb so viel Redner-Honorar wie vergleichbare Männer.
- Frauen haben weitaus häufiger als Männer ihre Rücklagen auf einem Sparbuch geparkt – zu einem unverschämt niedrigen Zinssatz.

Frauen verlangen in Einstellungsgesprächen auch heute noch ein deutlich niedrigeres Gehalt als Männer. Als ich einen früheren Chefredakteur einmal auf dieses Gehaltsgefälle ansprach, gab er mir grinsend zurück: »Ja, ihr Frauen verkauft euch eben zu schlecht.«

Dies soll ab sofort anders werden? Haben Sie Lust darauf bekommen, sich mit dem Thema Geld auseinanderzusetzen, oder sehen Sie zumindest die Notwendigkeit ein? In Ordnung, packen wir's an. Auf den folgenden Seiten geht es wie versprochen um:

- die persönliche Finanzanalyse;
- die finanzielle Lebensplanung;
- die besten Geldanlagen;
- die Schuldenfallen;
- die finanzielle Situation in der Ehe und danach;
- die Altersvorsorge;
- die Notwendigkeit von Versicherungen.

Ihre persönliche Finanzanalyse:
Soll und Haben

Bevor Sie sich überhaupt Gedanken darüber machen, was Sie alles mit Ihrem Geld anfangen könnten, Aktienfonds kaufen oder eine Eigentumswohnung erstehen, sollten Sie erst einmal ganz genau zusammenstellen, wie viel Geld Sie monatlich zur freien Verfügung haben (oder auch wo es eigentlich bleibt!). Denn wer könnte dies schon aus dem Stand beziffern? Um hierzu Klarheit zu schaffen, bedienen Sie sich einer Kosten-Analyse.

Die können Sie auch erstellen, wenn Sie derzeit keine eigenen Einnahmen haben, weil Sie zum Beispiel Familienarbeit leisten. Dann legen Sie das gemeinsame Haushaltseinkommen zugrunde.

Wie gehen Sie vor? Nehmen Sie zwei DIN-A4-Blätter zur Hand. Und listen Sie auf dem ersten alle Ihre Einkünfte auf (es wird wahrscheinlich die kürzere der beiden Listen sein).

Die Haben-Seite Ihrer Kostenanalyse könnte zum Beispiel, wenn Sie ein sehr gut verdienender Single mit vorteilhaft angelegtem Geld aus einer Erbschaft und einer Eigentumswohnung sind, so aussehen:

Einkünfte:

Gehalt:	(netto) 3400 Euro
Zinserträge:	250 Euro
Mieteinnahmen:	800 Euro
Zusammen:	4450 Euro

Ein zweites Beispiel: Sie befinden sich derzeit mit einem Baby in Elternzeit und neben dem Gehalt Ihres Mannes beziehen

Sie Erziehungsgeld und werden noch von den Eltern unterstützt. Dann sieht Ihre Habenseite vielleicht so aus:

Einkünfte:

Gehalt:	(netto)	2500 Euro
Nebenverdienst:	(netto)	500 Euro
Erziehungsgeld:		300 Euro
Zuschuss Ihrer Eltern:		200 Euro
Zusammen:		3500 Euro

Auf dem zweiten Blatt listen Sie jetzt zuerst alle fixen Kosten
auf. Fixe Kosten sind alle Ausgaben, die regelmäßig anfallen.
Es erscheint Ihnen vielleicht am Anfang als Erbsenzählerei,
jede Fahrkarte oder jeden einzelnen Versicherungsbeitrag
zu berechnen. Aber tun Sie's trotzdem, Kleinvieh macht den
meisten Mist. Und Sie haben die einmalige Chance, anschließend schwarz auf weiß zu sehen, wo Ihr Geld wirklich bleibt.
Wenn Sie ehrlich sind, sich ein bisschen Mühe machen und
etwas Zeit investieren.
  So könnte Ihre Soll-Seite zum Beispiel aussehen:

Ausgaben:

a) Wohnen
Miete:	_____	Euro
Heizung:	_____	Euro
Hausgeld:	_____	Euro
Strom:	_____	Euro
GEZ-Gebühren:	_____	Euro
Telefon/Handy:	_____	Euro

b) Fahrtkosten
Fahrkarte (Bus/Bahn):   _____ Euro
Auto (Benzin):   _____ Euro
Auto (Steuern):   _____ Euro
Auto (Rücklage für Reparaturen):   _____ Euro

c) Versicherungsbeiträge
Kranken- und Pflegeversicherung: _____ Euro
Kfz-Versicherung: _____ Euro
Haftpflicht: _____ Euro
Unfall: _____ Euro
Altersvorsorge: _____ Euro
Hausrat: _____ Euro
Berufsunfähigkeit: _____ Euro

d) Sparbeiträge
Bausparbeiträge: _____ Euro
Sparplan: _____ Euro
Anderes: _____ Euro

e) Kredite
Rückzahlungsrate: _____ Euro
davon Zinsen: _____ Euro
davon Tilgung: _____ Euro
(falls Sie es wissen)

f) Betreuungskosten
Tagesmutter: _____ Euro
Kindergarten: _____ Euro
Krippe: _____ Euro

Darunter kommen jetzt die variablen Kosten. Das sind Ausgaben, mit denen Sie rechnen müssen, die aber jeden Monat anders aussehen können. Zum Beispiel:

a)

Lebensmittel:	_____ Euro
Genussmittel:	_____ Euro

b)

Wasch-/Putzmittel:	_____Euro
Körperpflege:	_____ Euro
Kosmetik:	_____ Euro
Friseur:	_____ Euro
Schuster:	_____ Euro
Reinigung:	_____ Euro

c)

Porto/E-Mail-Account:	_____ Euro
Geschenke:	_____ Euro
Blumen:	_____ Euro

d)

Kino:	_____ Euro
Theater:	_____ Euro
Bücher:	_____ Euro
Ausgehen:	_____ Euro

e)

Kleidung:	_____ Euro
Hausrat:	_____ Euro

f)

Rücklagen für Urlaub:	_____ Euro

Den Einnahmen auf Blatt eins stellen Sie nun die Summe der Ausgaben von Blatt zwei gegenüber. Sie können bei Ihrer Rechnung zu zwei unterschiedlichen Ergebnissen kommen: Erstens: Sie stellen fest, dass die Ausgaben die Einnahmen übersteigen. Dann sollten Sie vielleicht gleich zum Abschnitt

»Die Schuldenfalle – und wie Sie wieder herauskommen« weiterblättern. Und später auf das Thema Geldanlagen zurückkommen.

Zweitens: Sie errechnen eine gewisse Geldsumme, die Sie jeden Monat übrig haben und die Sie für Ihre finanzielle Absicherung verwenden können. Dann interessiert Sie wahrscheinlich besonders das Kapitel »Kapitalanlagen und Altersvorsorge«. Und dazu kommen wir gleich.

Lassen Sie mich vorweg zwei Bemerkungen machen:

Ich weiß, dass ich Ihnen hier keine handgewebte Spezialberatung für jede Lebenssituation geben kann, aber ich möchte Ihnen Tipps und Anregungen vermitteln, wie Sie sich selbst besser um Ihre Geldanlagen kümmern können. Und als kleinen Extra-Service finden Sie im Adressteil am Ende des Buches einige unabhängige Finanzexpertinnen, die spezielle Beratung für Frauen anbieten.

Das war die eine Vorbemerkung. Und die zweite: Ich kann mir vorstellen, dass Leserinnen, die sehr wenig oder gar nichts verdienen, in Teilzeit oder gar in ungeschützten Arbeitsverhältnissen arbeiten, allein oder mit Kindern von Arbeitslosengeld I oder von Arbeitslosengeld II leben, manche Tipps (z. B. für Geldanlagen über 100 000 Euro) ziemlich albern finden werden. In diesem Geldteil will ich Ihnen Ideen und Lösungsansätze zeigen, von denen Sie auch profitieren können, selbst wenn Sie aktuell nur wenig Geld zur Verfügung haben. Suchen Sie sich das für Sie Passende heraus.

Und noch ein Tipp: Wenn Sie jetzt sowieso schon einmal Ordnung in Ihre Finanzunterlagen gebracht haben, führen Sie dies auch in Zukunft weiter: Sortieren Sie Ihre Belege nach Rubriken: Wohnung; Auto; Versicherungen; Beruf; Bank; Rechnungen etc. Wenn Ihnen Aktenordner mit Lochung und alphabetischem Verzeichnis etc. zu viel Aufwand sind, sammeln Sie in Kästen oder Klarsichthüllen. So haben Sie wichtige Unterlagen mit einem Griff bei der Hand.

Kapitalanlagen: Lassen Sie Ihr Geld fließen

Während der DAX 2001 um fast 20 Prozent einknickte, verloren weibliche Aktiensparer im Schnitt nur 18 Prozent, Männer 27 Prozent. Frauen sind vorsichtiger und informierten sich gründlicher, so berichtete der »Stern« 2002. In diesen Jahren der großen Börsenhoffnungen und auch der großen Verluste hatten diejenigen, die ihr Spargeld nach wie vor auf dem guten alten Sparbuch mit Zinsen von teilweise unter 2 Prozent gelegt hatten, plötzlich mal Recht: Sie hatten wenigstens ihre Einlage wieder zurück, während andere mit hohen Verlusten zu kämpfen hatten.

Dennoch gibt es heute weit günstigere, ebenso sichere und schnell verfügbare Anlagen, die das Sparbuch überflüssig machen. Und Ihre Rücklage für Unvorhergesehenes (es reichen maximal drei Nettomonatsgehälter aus) können Sie mit einem besseren Zinssatz auch als sogenanntes »Tagesgeld« (mehr dazu unten) anlegen.

Denn der große Nachteil eines Sparbuches: Die derzeitigen Zinsen liegen unter der Inflationsrate. Ihr Geld wird also weniger wert, selbst wenn der Betrag scheinbar wächst. Ein guter Bankberater sollte Sie darauf hinweisen, dass Ihr Guthaben stetig zusammenschmilzt, weil die Inflationsrate längst höher liegt als der Zinssatz. Doch oft findet alles dieses nicht statt. Warum? Die Antwort ist einfach: Weil Banken dadurch billiges Geld zur Verfügung haben, das sie ihrerseits zu einem vielfachen Zinssatz als Kredite vergeben können. Also: Die Unwissenheit der Sparer ist der Profit der Banken.

Erst allmählich wachen Sparbuchbesitzerinnen aus dem Dornröschenschlaf auf, reiben sich die Augen und suchen nach der besseren Anlage. Die »richtige« Geldanlage gibt es wohl nicht. Aber es gibt einige gängige »seriöse« Angebote (ob's Frosch oder Prinz ist, müssen Sie selbst herausfinden):

- **Tagesgeld** ist, wie der Name schon sagt, täglich verfügbar. Es ist eine schnelle Geldanlage, zum Parken von derzeit nicht gebrauchten Geldbeträgen ideal. Sie sollten es dann nutzen, wenn Sie innerhalb kürzester Zeit wieder an Ihr Guthaben herankommen wollen. Viele Banken haben keine Mindestanlage mehr, sodass Sie auch mit kleineren Beträgen anfangen können. Die Zinsen liegen zwischen 2 und 3 Prozent. Wichtig: Erfragen Sie die Höhe der Einlagensicherung, damit Sie abgesichert sind, wenn die Bank in Konkurs geht.
  Besonderheit: Tagesgeld ist die beste kurzfristige Anlageform. Es eignet sich, um Geld etwas gewinnbringender zu parken, aber nicht zur langfristigen Vermögensbildung.

- **Festverzinsliche Wertpapiere.** Darunter sind Anlagen wie Pfand- und Sparbriefe, Anleihen usw. zu verstehen. Ein anderes Wort dafür ist Rentenpapiere (hat mit Rente aber nichts zu tun). Das Gemeinsame dieser Wertpapiere: Sie haben eine festgelegte Laufzeit (z. B. fünf Jahre) und der Zinssatz bleibt über die gesamte Zeit unverändert oder steigt nach festgelegten Zinsschritten bzw. Sie haben jährlich steigende Zinsen.
  Besonderheit: Die Anlegerin kann sich genau ausrechnen, was sie nach der festgesetzten Zeit an Gewinn einstreicht. Ideale Anlageform für alle, die nicht den Thrill des Börsenhoppings brauchen und trotzdem eine annehmbare Rendite einstreichen möchten.

- **Bundesschatzbrief.** Damit leiht sich der Bund Geld von den Bürgern. Es gibt zwei Sorten: Typ A. Laufzeit sechs Jahre, steigende Zinsen, die jährlich ausbezahlt werden. Typ B. Laufzeit sieben Jahre, mit Zinsen, die jedes Jahr gleich wieder angelegt werden und am Schluss mit Zinseszins ausbezahlt werden. »Bundesschätzchen« können schon während der Laufzeit ohne Zinsverlust wieder verkauft werden.

✦ **Aktienfonds**. Aktien selbst haben aufgrund des hohen finanziellen Aufwands für Kleinanleger ihre Bedeutung verloren. Immer wichtiger für diejenigen, die ihr Geld vermehren wollen, werden jedoch die Aktienfonds. Ein Fonds funktioniert so: Das Geld vieler verschiedener Anleger wird zusammengenommen und von einer Investmentgesellschaft in Papieren angelegt, entweder in Aktien, Rentenpapieren oder in Immobilien. Sie können auch schon mit kleineren Summen einsteigen, zum Beispiel mit monatlich 100 Euro.
Besonderheit: Mit Fonds sind Sie vom Wirtschaftsgeschehen abhängig. Die Kurse können auch bei als »sicher« geltenden Fonds schwanken und ins Minus gehen. Aktienfonds sind deshalb nur für diejenigen geeignet, die sehr langfristig investieren möchten und auch große Kursschwankungen in Kauf nehmen wollen.

Das Stufenbrunnensystem

Um Ihr Geld wirklich sinnvoll sparen, anlegen und vermehren zu können, müssen Sie einige Dinge wissen, bevor Sie sich wirklich für eine bestimmte Geldanlageform entscheiden.

Die Chinesen glauben ja daran, dass Geld und Wasser miteinander verwandt sind. Auch hierzulande spricht man davon, »flüssig zu sein«, oder davon, dass jemand im Geld schwimmt, wenn man gerade über viel Geld verfügt. Stellen Sie sich deshalb einfach einmal vor, Geld wäre wie Wasser. Die Finanzberaterin Svea Kuschel hat ein Anlagemodell entwickelt, das das Fließen des Geldes zum Thema hat und Ihnen veranschaulicht, wie Sie Ihre Geldanlagen aufbauen können. Sie nennt es das »Stufenbrunnensystem«. Es besteht aus vier Schalen. Ist eine Schale ausreichend gefüllt, sollte das Geld in die nächste fließen. Natürlich muss erst einmal eine Geldquelle vorhanden sein. Hier hat sie für Sie eine kleine Auswahl der möglichen Geldanlagen zusammengestellt, die in die jeweilige Schale passen.

Schale 1: In diese Schale gehört Geld, das täglich zur Verfügung steht, z. B. das Girokonto, Tagesgeld, Geldmarktfonds. Es sollte hier nicht mehr Geld geparkt werden, als wirklich nötig ist.

Schale 2: Enthält Anlagen mit einem festen Zinssatz und einer festgelegten Anlagedauer, z. B. Anleihen, Pfandbriefe, Sparmodelle mit steigendem Zins, Festgeld. Die Anlagedauer bewegt sich zwischen einem Monat und sechs Jahren.

Schale 3: Das Geld in dieser Schale ist dem Wunsch nach hohem Wachstum und bestmöglichen Ausschüttungen gewidmet. In dieser Schale sollte nur Geld sein, das in den nächsten Jahren (sinnvoll zehn Jahre und länger) nicht benötigt wird, z. B. Aktien, Aktienfonds, Beteiligungen.

Schale 4: Geld, das in diese Schale fließt, sollte als »vor dem Alter nicht verfügbar« angesehen werden, z. B. gesetzliche und betriebliche Renten, die Riester- und die Rürup-Rente, im Alter abbezahlte Immobilien und, ganz besonders wichtig, die private Rente.

Und dies müssen Sie, so sagt es Svea Kuschel, immer dabei beachten: »Legen Sie Ihr Geld so an, dass es immer zu Ihrer jeweiligen Lebenssituation und Ihrer Risikobereitschaft passt. Auch kleinere Summen bringen langfristig eine gute Rendite. Lassen Sie alle Quellen sprudeln und leiten Sie Ihr Geld in die richtige Schale, denn Geld gehört in Frauenhände.«

Ganz unabhängig von dem Betrag, den Sie anlegen oder sich ansparen wollen: Sie sollten, wie gesagt, zum Ersten viel Wert darauf legen, dass Ihre Geldanlage zu Ihrer Lebenssituation passt. Sind Sie derzeit berufstätig? Planen Sie, in Elternzeit zu gehen? Welchen Steuersatz zahlen Sie (und wie können

Sie Steuern sparen)? Sind Sie alleinstehend oder mit Familie? Für wie lange können Sie das Geld fest anlegen? Wollen Sie mit dem Geld in absehbarer Zeit etwas anfangen (z. B. bauen oder eine Immobilie kaufen)? Ist Ihre Altersvorsorge gesichert? Oder könnten Sie eine schon vorhandene Summe dafür verwenden?

Zum Zweiten sollten Sie stets überlegen, welches Risiko Sie mit Ihrem Geld eingehen wollen. Bei Bankgeschäften bedeutet natürlich ein größeres Risiko auch eine höhere Rendite bzw. die höhere Chance auf Gewinne. Wie sicher Sie gehen wollen, ist immer Ihre persönliche Entscheidung. Lassen Sie sich nicht durch Versprechungen zu einer riskanten Anlage drängen und lesen Sie stets auch das Kleingedruckte! Schauen Sie genau darauf, dass Sie keine Haftungsansprüche (evtl. bei Immobilienbeteiligungen der Fall) eingehen, die Sie später unverschuldet um den Schlaf und um Ihr letztes Geld bringen.

Wenn Sie Ihren persönlichen Stufenbrunnen anlegen wollen, achten Sie von vornherein auf klare Linien. Ich meine damit, dass Sie einen besseren Überblick behalten, wenn Sie sich auf wenige Anlageformen konzentrieren. Drei Fonds hier, ein Schatzbrief dort, zwei Anteile an neuseeländischen Gewerbeimmobilien und vielleicht noch ein paar Unzen Gold (zwar eine der sinnlichsten, aber leider nicht gerade produktive Art der Geldanlage) – ein solches Sammelsurium verwirrt Sie, kostet Sie Mühe und Geld und bringt erfahrungsgemäß weniger als ein geplanter, gezielter Geldeinsatz auf wenige Objekte.

Auch wenn Sie keine 100 000 Euro aus einer Erbschaft anlegen wollen, können Sie natürlich langfristig Vermögen bilden. Ich erinnere mich, dass ich als 20-Jährige über die Möglichkeit, jeden Monat 50 Euro zu sparen und anzulegen, gelacht habe. Heute wäre ich froh! Ich hätte nämlich inzwischen zum Beispiel mit einem Sparplan satte 20 000 Euro daraus gemacht. Was ich meine: Der Gedanke, wenn ich mal Geld übrig habe, lege ich 5 000 Euro an, hilft nicht weiter. Ich kann jungen

Frauen wirklich nur raten, gleich nach der Ausbildung oder nach dem Studium mit dem Geldanlegen zu beginnen (das hört sich doch viel dynamischer als »Sparen« an), zum Beispiel im Rahmen des Vermögensbildungsgesetzes.

Und – je früher Sie an Ihre Rente denken, umso besser: Mit 20 können Sie die optimale private Absicherung in die Wege leiten, mit 30 geht es gerade noch, ab 40 wird es wahnsinnig teuer! (Zu diesem Thema mehr im Abschnitt »Versichern – aber richtig«)

Die Schuldenfalle – und wie Sie wieder herauskommen

»Die Deutschen haben so viel Geld auf der hohen Kante wie nie zuvor!« Das ist die eine Schlagzeile, die wir immer wieder lesen können. »Die Deutschen sind verschuldet wie nie zuvor!« ist die andere. Wenn Sie nicht zur Gruppe derer gehören, deren dringendste Frage lautet: »Wohin mit meinem Geld?«, sondern »Woher um Himmels willen bekomme ich Geld?«, wenn Sie ständig mit roten Zahlen auf Ihrem Konto kämpfen, dann geht es jetzt um Sie.

Lassen wir eine geplante Verschuldung, durch den Kauf eines Hauses zum Beispiel, einmal beiseite. Ich denke an das ganz ordinäre ekelhafte Minus auf dem Girokonto, das sich nach Eintreffen des Gehalts fast gegen Null schließt, aber schon nach dem Abbuchen der Miete wieder böse klafft. Und das die fatale Angewohnheit besitzt, sich langsam, aber sicher zu vergrößern.

Das beste Beispiel dafür ist Claudia, 32:

»All mein Geld habe ich immer verpulvert. Ich verdiene sehr gut, aber es fließt mir immer durch die Finger. Pläne hatte ich schon viele, wollte mir eine Eigentumswohnung kaufen oder mal in Gold investieren. Aber dann hatte ich doch nie das Geld. Für die Zukunft sparen? Ich lebe viel zu sehr in der Gegenwart. Im Gegenteil, in letzter Zeit habe ich ein wachsendes Minus auf meinem Konto.

Letzte Woche habe ich mit meiner Lieblingstante darüber gesprochen, wie teuer das Leben geworden ist. Sie hat eine Rente von 950 Euro im Monat. Das hat mich total erschüttert. Da zahle ich ja heute schon mehr für die Miete. Ich werde mir jetzt mal ausrechnen lassen, wie viel Rente ich später einmal bekommen werde. Vielleicht sollte ich jetzt doch schon mal anfangen zu sparen.«

Sie sehen, es geht in diesem Kapitel nicht um die Frauen, die beim besten Willen und Vom-Munde-Absparen gerade mal so über den Monat kommen, weil das Gehalt einfach zu niedrig und die Belastungen einfach zu hoch sind. Es geht um Frauen wie Claudia, die eigentlich ganz gut verdienen und trotzdem in die Miesen rutschen.

Hierzu gibt es eigentlich nur eines zu sagen: Ein überzogenes Konto ist nicht mehr und nicht weniger als die beste Geldvernichtungsanlage, die Sie sich vorstellen können. Die monatlichen Sollzinsen von meist 12,5 Prozent können ganz schnell gewaltig zu Buche schlagen.

Die Besitzerinnen dieser Minuskonten schaffen es meist über eine längere Zeit, sich selbst in die Tasche zu lügen: Bald kommt ja diese tolle Überweisung, dann bin ich wieder im Dispo. Mit dem Weihnachtsgeld bin ich schnell wieder im Plus. Oder: Klar, ab morgen wird gespart!

Aber insgeheim spüren sie die Last der Schulden: Sie trauen sich nicht mehr in ihre Bank, sondern heben grundsätzlich nur noch an Geldautomaten ab. Rechnungen zahlen sie erst nach der zweiten Mahnung und hoffen inständig, dass die Überweisung noch ausgeführt wird. Bei jedem umweltschutzpapiergrauen Brief, der auch nur irgendwie nach Bank riecht, steigt ihr Puls, ihre Pupillen weiten sich angsterfüllt, es ist ein entsetzliches Gefühl!

Bei länger anhaltendem Minus geraten sie in die liebevollen, aber energischen Hände »ihrer« Kontobetreuerin, die ihnen die Vorteile des geregelten Schuldenzurückzahlens überzeugend darlegt und den Ratenkredit-Vertrag mit dem Hinweis schmackhaft macht, man könne ja gleich ein paar tausend Euro mehr vereinbaren, sodass auch mal ein Plus auf dem Konto ist. Ein Plus, hurra, dieses Hochgefühl müssen sie feiern! Und endlich ist die neue Lederjacke erschwinglich, mit der sie schon lange geliebäugelt haben. Und das Auto kann endlich auch repariert werden. Und dann müsste doch noch ein verlängertes Wochenende in Paris drin sein... Und wenig später sitzen sie wieder im Dreck – aber noch tiefer!

Wie geraten die Rote-Zahlen-Sünderinnen überhaupt in die Miesen? Hier die häufigsten Ursachen:

- ✤ Sie halten Geld für ein notwendiges Übel. Man hat es oder man hat es nicht. Zusammenhänge zwischen Einnahmen und Ausgaben sind ihnen nie klar geworden.

- ✤ Sie tricksen sich selbst aus: Sie holen sich Anfang der Woche am Automaten ihre 200 Euro und bezahlen trotzdem alles außer den Frühstücksbrötchen mit EC-Karte. Am Ende der Woche haben sie noch fast 200 Euro in der Geldbörse. Übrig, Sie verstehen? Gespartes Geld, geschenktes Geld, das ja jetzt zur freien Verfügung steht.

- ✤ Sie erliegen dem faulen Zauber des Plastikgeldes. Sie glauben, finanzielle Engpässe durch die Beantragung einer oder mehrerer Kredit- und/oder Kundenkarten überwinden zu können. Und leben sich tatsächlich erst einmal im Rausch des Bezahlens mit dem »guten Namen« aus. Bis die Monatsabrechnung kommt. Wie heißt es: heute kaufen, morgen zahlen...

- ✤ Sie werden zur Fatalistin: Ist doch auch schon egal, jetzt ist das Konto schon in den Miesen, die Bank macht bestimmt wieder Stunk, da kommt es auf ein bisschen mehr auch nicht mehr an.

- ✤ Sie geben zusätzlich verdientes Geld gleich dreimal aus.

Einmal in der Vorfreude. Dann, wenn sie das Geld in der Hand halten, und ein drittes Mal hinterher, wo sie doch so schön was dazuverdient haben.

✤ Sie »vergessen« variable Kosten wie Autoversicherungen, Steuern, Reparaturen. Und sind ganz erstaunt, wenn durch die Abbuchungen das Konto-Loch klafft.

✤ Sie kompensieren Frustgefühle durch Frustkäufe. Auch wenn der Vorsatz noch so fest war, diesen Monat zu sparen – bei der ersten Versuchung werfen sie alle Grundsätze über Bord. Und kommen erst wieder zu sich, wenn sie das Gekaufte zu Hause auspacken.

✤ Sie erliegen dem Wahn vom »warmen Regen«. Die eine spielt jeden Freitag Lotto, weil dann sicher bald alle Sorgen vorbei sind. Die andere jongliert mit Geldern, die ganz bestimmt bald kommen. Und beide nehmen sich schon einmal einen Vorschuss aufs Glück.

✤ Sie sind mit Männern verbandelt, die sie in den finanziellen Ruin treiben. Die regelmäßig ihr Konto plündern, sie zu Kreditverträgen überreden, den Kaufvertrag für den Sportwagen mit unterschreiben lassen, sie für windige Geschäfte bürgen lassen oder ihnen sonstwie ihre Schulden aufhalsen.

Sie sehen, in die roten Zahlen geraten Sie ohne große Anstrengungen. Aber wie kommen Sie wieder raus? Die erste Voraussetzung: Mut zur Wahrheit. Schluss mit den Notlügen, Schluss mit den kleinen Jongliertricks. Strich drunter und Bilanz ziehen, heißt es. Und: Disziplin entwickeln. Ich kann entweder so weitermachen und Lust und Leid der Spielerin ertragen. Wenn ich das aber nicht mehr will, gibt es nur zwei Wege:

✤ Ich kann die Einnahmen erhöhen

✤ oder die Ausgaben kürzen.

Das erste ist das Schwierigere. Kann aber, zumindest um tatsächlich wieder ins Plus zu kommen, eine kurzfristige Mög-

lichkeit sein: Ich kann für ein Vierteljahr den Abend-Aushilfs-
job im Café an der Ecke annehmen und so das schlimmste
Loch stopfen. Ich kann in meiner teuren Wohnung für ein
Jahr eine Untermieterin aufnehmen. Ich kenne Frauen, die
in einer solchen Misere abends Texte abgeschrieben haben,
sechzig Seiten für 50 Euro, oder sich einen Zehn-Euro-Schein
nach dem anderen als Babysitterin verdient haben.

Eine weitere Hilfe kann es sein, sich den Unterschied zwi-
schen Lust- und Vernunft-Prinzip klarzumachen.
Ein Leben nach dem Lust-Prinzip bedeutet:
* Tun, was ich will – aber: blanke Nerven
* Spontaneität – aber: Sie leben immer mit dem Risiko,
  der Unsicherheit, ob alles auch wirklich so klappt, wie
  Sie es sich wünschen.
* Genuss sofort – aber: Nichts bleibt, nichts hat wirklich
  Dauer.

Ein Leben nach dem Vernunft-Prinzip beinhaltet:
* Planung und Strategie: Sie werden wieder gut schlafen,
  denn Sie können viel selbstbestimmter handeln.
* Warten können: Hier brauchen Sie viel Geduld.
* Investieren und Sicherheit: Dies kann auch sehr langwei-
  lig werden.
* Disziplin, die auch Erfolge bringt

Überlegen Sie, was Sie wollen. Und bedenken Sie: Es ist leichter, jetzt eigenverantwortlich einer Misere ins Auge zu sehen
und etwas zu unternehmen, als immer wieder die Augen davor zu verschließen. Mit einem Leben nach dem Vernunft-
Prinzip haben Sie, auch wenn es auf den ersten Blick langwei-
liger wirkt, einfach mehr Zukunft. Und wer sagt denn, dass es
nicht auch ziemlich spannend sein kann, sich eigene Erfolge
zu erarbeiten, und mögen es auch noch so kleine Schritte
sein? Und wer weiß, welche Geldquellen Sie sich plötzlich
eröffnen können?

Bauchtanzkurse für Beleibte

Überlegen Sie einmal: Was können Sie gut, was andere vielleicht lernen möchten? Spielen Sie hervorragend Bridge? Bieten Sie einmal die Woche abends Bridgekurse an. Ist Steffi Graf Ihr großes Vorbild? Wie wäre es mit Tenniskursen für die Kinder Ihrer Freundinnen? Es gibt tausend Ideen zum Ausprobieren: Strickkurse für Linkshänder, Töpferkurse für Singles, Makramee für Mutige, Bauchtanz für Beleibte...

Schluss, bevor die Phantasie mit mir durchgeht. Ich glaube einfach, dass in einer finanziell schwierigen Lage allzu viel Überheblichkeit und Arroganz nicht förderlich sind. Ich übersehe dabei nicht die Schwierigkeiten, die dies machen kann: Jobs liegen nicht auf der Straße. Ihr Beruf stresst Sie so, dass Ihnen abends die Kraft fehlt. Sie haben kleine Kinder, die Ihre Zeit in Anspruch nehmen. Aber ich weiß eben auch, Jammern bringt uns überhaupt nicht weiter. Doch der Märchenprinz, der Sie mit Tausend-Euro-Scheinen überhäuft, ist leider weitaus seltener als angenommen.

Deshalb müssen wir Frauen unseren Widerwillen überwinden (und ich gebe es ja offen zu, auch unsere Trägheit) und uns nach Geldquellen umschauen. Ich kann beispielsweise Frauen nicht verstehen, die zu faul sind, ihren Lohnsteuerjahresausgleich durchzuführen oder ihre Einkommensteuererklärung abzugeben, obwohl sie aller Wahrscheinlichkeit nach eine Rückzahlung erwarten könnten. Natürlich ist es lästig, übers Jahr Belege zu sammeln, sich in kryptische Formulare einzulesen und sie auszufüllen. Aber es ist wirklich kein Wirtschaftsdiplom dafür nötig. Wenn es Millionen von Männern können, können wir es doch wohl auch! Wenn ich glaube, mir keine Steuerberaterin dafür leisten zu können, dann muss ich mir notfalls mal ein Buch mit »1000 Steuertricks« leihen und mich da durchackern.

Sie sehen, wie ich mich echauffiere. Das ist noch gar nichts: Ich kriege wirklich die Krise, wenn mir Frauen, die viel geschäftlich unterwegs sind, erzählen, dass sie regelmäßig Taxiquittungen und andere Ausgabenbelege verschlampen oder es einfach »lästig« finden, sie im Büro abzurechnen. Mamamia, uns muss es ja vielleicht gutgehen!

Schritt für Schritt ins Plus

Wie war das? Kleinvieh macht auch Mist? Das gilt umso mehr für die Möglichkeit der Ausgabenkürzung: Die vielen kleinen Summen sind es vor allem, die unser Minus auf dem Konto vergrößern. Wie sagte schon Henry Ford, Begründer der gleichnamigen Motor Company: »Reich wird man nicht vom Geld, das man verdient, sondern von dem Geld, das man nicht ausgibt!«

Um einen Überblick über die lecken Stellen auf Ihrer Ausgabenseite zu gewinnen, können Sie in vier Schritten vorgehen:

* Bilanz ziehen mit Hilfe des Kostenanalyse-Plans. Schreiben Sie mit Hilfe Ihrer Kontoauszüge Ihre tatsächlichen Abbuchungen und Barabhebungen auf. Sie werden mit einem Blick sehen, warum Sie im Minus sind.

* Rechnen Sie einmal zusammen, wie viel Geld Sie für den Überziehungskredit bezahlt haben. Und überlegen Sie, was Sie allein für dieses Geld jedes Jahr Tolles kaufen könnten.

* Verfolgen Sie einen Monat lang alle Ihre Einkäufe und Ausgaben (auch die Kugel Eis beim Spazierengehen) und tragen Sie sie sorgfältig in ein Heft ein. Ich höre das Schuldenteufelchen in Ihrem Unterbewusstsein lästern: »Igitt, ein Haushaltsbuch, wie altmodisch!« Aber lassen Sie sich nicht beirren: Ohne Selbstorganisation geht es nicht!

✦ Überlegen Sie nun, wo Sie wie viel sparen können (nicht könnten). Wo liegt Ihr Problem-Etat: Ist es das häufige Essengehen? Die Designerklamotten? Die vielen Taxifahrten? Aufwendige Feste mit Freunden? Kostenträchtige Wochenendausflüge? Die viel zu teure Wohnung? Stellen Sie eine Liste mit Einsparungsmöglichkeiten zusammen und kreuzen Sie an, worauf Sie am ehesten verzichten wollen.

✦ Schließen Sie nun mit sich selbst ein schriftliches »Commitment«, also eine Selbstverpflichtung ab (die kennen Sie ja schon von Seite 57). Sie könnte zum Beispiel so aussehen:

Commitment

Ich, _____, verpflichte mich, ab sofort meine Ausgaben für Kleidung zu senken. Ich habe für diese Saison genügend Sachen im Schrank und verzichte für die nächsten sechs Monate auf Neuanschaffungen. Nach diesem halben Jahr werde ich nachprüfen, wie erfolgreich ich in meinem Bemühen war. Wenn ich durchgehalten habe, werde ich mich dafür mit _____ belohnen.

....

Ort, Datum   Unterschrift

Oder:

Ich, _____, verpflichte mich, ab sofort weniger teure Feste zu veranstalten. Ich werde nach anderen Möglichkeiten suchen, mit meinen Freunden zusammen lustige Abende zu verbringen. Nach einem halben Jahr werde ich nachprüfen, ob und wie ich das hingekriegt habe, und werde zur Belohnung _____ machen.

Wenn es Ihnen hilft, reden Sie mit sehr guten Freunden und Freundinnen über Ihr Vorhaben. Aber nur mit solchen, von denen Sie sicher sind, dass sie Ihnen wirklich helfen wollen.

Haben Sie das Gefühl, dass Sie schon zu tief im Schuldensumpf stecken und ohne fremde Hilfe nicht mehr herauskommen, suchen Sie sich Unterstützung bei einer Schuldnerberatungsstelle. Sie sind meist bei karitativen Organisationen, Gemeindeverwaltungen oder Gewerkschaften angesiedelt. Sie können Ihnen eventuell helfen, Ordnung in Ihre Finanzplanung zu bekommen und gegebenenfalls mit Gläubigern zu verhandeln. Ich schreibe extra »eventuell«, weil die Qualität der einzelnen – kostenlosen – Beratungsstellen offenbar stark variiert. Eine Adresse in Ihrer Nähe bekommen Sie über die Bundes-Arbeitsgemeinschaft der Schuldnerberatungen, Wilhelmsstraße 11, 34117 Kassel (frankierten Rückumschlag beilegen) oder im Internet unter www.bag-schuldnerberatung.de.

Leben auf Raten

Hier vielleicht noch ein Wort zu den »geplanten« Schulden. Es ist nichts Ehrenrühriges, den neuen Wagen auf Kredit zu kaufen oder den Start in die Selbständigkeit mit Fremdgeld zu finanzieren. Banken leben von diesem Prinzip. Deshalb brauchen Sie auch nicht wie eine Bittstellerin aufzutreten, wenn Sie tatsächlich einen Kredit beantragen. Will Ihre Hausbank Ihnen nicht helfen, fragen Sie doch in einer anderen

Bank nach den dortigen Konditionen und pokern Sie damit. Sie bieten der Bank ein Geschäft an – mehr nicht.

Genauso professionell sollten Sie allerdings reagieren, wenn Sie einmal mit der Ratenzahlung in Verzug kommen: Stecken Sie keinesfalls den Kopf in den Sand und stellen sich tot. Im Gegenteil: Nehmen Sie sofort Kontakt zu Ihrer Sachbearbeiterin oder Ihrem Sachbearbeiter auf, erklären Sie die Situation und besprechen Sie, wie es weitergehen kann. Sonst riskieren Sie, dass die Bank den Kredit zurückfordert und Sie bei der Schufa (Schutzgemeinschaft für allgemeine Kreditsicherung) und eventuell bei Ihrem Arbeitgeber als säumige Zahlerin meldet.

Wenn Liebe pleite macht

Zurück zur Schlamper-Schuldnerin. Lebt sie mit einem Partner zusammen, freut er sich vielleicht aufrichtig, dass sie ihre Finanzprobleme endlich in den Griff bekommen will. Vielleicht wird er aber auch, weil er unter einem ähnlichen Verhältnis zum Geld leidet wie sie, Probleme damit haben.

Deshalb Glückwunsch, wenn er begeistert mitzieht und ihre Initiative als Chance für sich selbst nutzt. Gemeinsam sparen macht mehr Spaß! Wenn er sich dagegen, was wahrscheinlicher ist, sperrt oder ihr Vorhaben sogar untergräbt, muss sie stark bleiben. In diesem Fall ist es umso wichtiger, dass sie ihre Finanzen säuberlich voneinander trennt und ihrerseits Klarschiff macht, um finanziell unabhängig zu werden.

Liebe macht blind, vor allem in Sachen Geld. Und es kann jede treffen: Barbara M. ist 41, sie vertrat bis vor einem Jahr erfolgreich eine große deutsche Modefirma als PR-Frau. Sie war mit einem spendablen Architekten liiert, der sie drängte, sich selbständig zu machen, und versprach, ihr bei der Finanzierung zu helfen. Zwei Tage nachdem Barbara gekündigt hatte, gab der Architekt ihr den Laufpass. Das gibt's nicht? Das gibt's.

Hannelore J. war 18 Jahre alt, als sie ihre große Liebe heiratete. Er betrieb ein Import-Export-Geschäft. Sie wurde Kommanditistin in seiner Firma, unterschrieb alles, was er ihr hinhielt. Heute ist sie 35 und zahlt immer noch Schulden ab. Er verschwand nämlich, nachdem er die Firma in den Bankrott geführt hatte und die finanzielle Situation brenzlig wurde – und ließ sie mit 300 000 Euro Schulden sitzen.

Alle guten (?) Dinge sind drei: Christine M., 38, lebte zehn Jahre mit einem Zahnarzt zusammen. Er kaufte eine Eigentumswohnung auf seinen Namen und zahlte die Raten. Sie sorgte mit ihrem Gehalt vor allem für den Lebensunterhalt: Auto, Einkaufen etc. Christine glaubte immer, dass sie bis zum Lebensende gemeinsam in dieser Wohnung leben würden. Vor zwei Jahren verliebte er sich in eine andere Frau und Christine zog Hals über Kopf aus. Heute ärgert sie sich vor allem, dass sie ihm geholfen hat, seine Wohnung zu finanzieren.

Die Ehebande und ihre Folgen

Eine Abgrenzung fällt natürlich besonders schwer, wenn Sie verheiratet sind. Wie sieht die finanzielle Situation in der Ehe aus? Zuerst die rechtliche Sicht: Ist nicht in einem Ehevertrag (siehe unten) Abweichendes vereinbart, gilt automatisch die »Zugewinngemeinschaft«. Sie bedeutet, dass Mann und Frau zwar ihr Vermögen für sich behalten, das sie in die Ehe eingebracht haben. Auch alles, was während der Ehe dazukommt – Erbschaften, Schenkungen etc. –, gehört dem jeweiligen Ehepartner ganz allein. Nur der Zugewinn, der aus diesen Dingen erzielt wird, gehört beiden zusammen.

Das Gleiche gilt übrigens für Schulden. Im Falle einer Trennung oder Scheidung würde dieser »Zugewinn« geteilt (eben auch die Schulden).

Das sieht anders aus, wenn in einem Ehevertrag Abweichungen von der Zugewinngemeinschaft verabredet werden. Zum Beispiel, dass

✤ einzelne Güter wie Häuser, Firmen, Grundstück o. Ä. aus dem gemeinsamen Besitz herausgenommen werden;
✤ Gewinne aus Erbschaften nicht zum Zugewinn gehören;
✤ Schulden, die am Anfang der Ehe beim Mann oder der Frau bestehen, vertraglich festgehalten werden.

Ganz klare Verhältnisse bei zwei gleich finanzstarken Partnern schafft die Möglichkeit der Gütertrennung. Sie bestimmt, dass Eheleute überhaupt keine vermögensrechtlichen Ansprüche gegeneinander haben. Das heißt, dass auch im Fall einer Scheidung jeder das behält, was ihm oder ihr gehört. Für Frauen, die ein eigenständiges Einkommen haben und dies auch in Zukunft durchgehend haben werden, kann eine solche Gütertrennung eine sehr sinnvolle Einrichtung sein.

Anders sieht die Lage aus, wenn Frauen nach der Heirat, wenn Kinder kommen, für viele Jahre aus dem Beruf ausscheiden und als Hausfrau über kein eigenes Einkommen verfügen. Für sie kommt eine Scheidung einer finanziellen Katastrophe gleich, wenn Gütertrennung vereinbart war. Gerade für diese »Versorgerehen« ist der gesetzliche Ausgleich, nach dem Vermögen und Rentenansprüche bei einer Scheidung geteilt werden und Unterhaltsansprüche geltend gemacht werden können, gedacht. Schließlich hat es die Frau durch ihre Familienarbeit dem Mann erst möglich gemacht, Karriere zu machen und Vermögen zu bilden.

Die »Versorgerehe« ist am Ende

Ich glaube aber, dass die Zeit solcher »Versorgerehen« vorbei ist. Keine Frau sollte sich auf Dauer von der Finanzierung durch einen Mann abhängig machen. Mal abgesehen von den finanziellen Folgen im Alter, abgesehen von den steigenden Scheidungszahlen, die das ganze Modell wie ein Kartenhaus zusammenstürzen lassen: Wie kann ich unabhängig werden, über mein Leben bestimmen, meine Entscheidungen treffen, wenn ich das Geld meines Mannes ausgebe? Ich sehe das noch ein, wenn die Kinder sehr klein sind, für drei, vier Jahre, aber dann sollten Sie schauen, dass Sie wieder in Ihrem eigenen Beruf Ihr eigenes Gehalt verdienen.

Natürlich kenne ich das Argument, dass Frauen schließlich durch ihre Haus- und Familienarbeit ein Recht auf einen Teil des Ehegatten-Gehalts beanspruchen können. Warum wissen so viele Frauen heute noch nicht, wie hoch das Gehalt des Ehemanns eigentlich ist? Und wie erklärt sich die große Zufriedenheit, wenn Frauen doch wieder anfangen zu arbeiten und ihr eigenes Geld auf dem eigenen Konto haben? Für die meisten Frauen, nämlich drei Viertel der Befragten, so ein Ergebnis einer Untersuchung des DIA 2001, ist mittlerweile Erwerbstätigkeit (neben Haushalt und Kinderbetreuung) selbstverständlich. Sie haben erkannt, dass finanzielle Abhängigkeit unfrei macht. Dennoch haben die meisten Frauen nicht für ihr Alter vorgesorgt, wissen nicht genug über die Höhe ihrer zu erwartenden Rente Bescheid und verlassen sich viel zu sehr auf die Rente ihres Mannes. So sieht die Realität dann leider doch noch anders aus. Und gerade im Fall einer Scheidung stehen viele Frauen nicht nur vor einem emotionalen, sondern – was fast noch schlimmer ist – vor dem schon erwähnten finanziellen Scherbenhaufen.

So wäre es nur jeder Frau angeraten, ihre finanzielle Lage zu prüfen und gegebenenfalls Maßnahmen zu ergreifen. Doch hier machen viele unschöne Erfahrungen, auch oder gerade in Ehen, die äußerlich »funktionieren«. Die Frauen, die sich nach vielen Jahren finanziell emanzipieren wollen, stoßen dann oft genug auf den erbitterten Widerstand ihrer »Versorger«. Die Finanzexpertin Svea Kuschel, Gründerin des ersten Finanzdienstleistungsunternehmens von Frauen für Frauen in Deutschland, hat Klientinnen nach ihren Erfahrungen befragt. Hier lesen Sie drei Beispiele, die zeigen, dass Sie von Anfang an für klare finanzielle Verhältnisse sorgen sollten, denn spätere Korrekturen sind äußerst mühsam.

»Plötzlich stehe ich vor dem Nichts!«
Helga A., 43:

Fast ein Vierteljahrhundert hat alle finanziellen Angelegenheiten mein Mann erledigt. Jetzt möchte er sich nach 24 Jahren Ehe trennen. Friedlich ohne Anwalt, beziehungsweise nur mit seinem Anwalt – wen der wohl vertreten wird? Ich habe Angst vor der Zukunft, wegen der Unwissenheit, was die finanzielle Situation betrifft, wegen der Unsicherheit, etwas falsch zu machen. Am liebsten würde ich einfach aufstecken. Er kann mir doch erzählen, was er will. Er ist selbständig und behauptet, wir hätten nur Schulden und ich könnte froh sein, wenn ich überhaupt etwas bekäme. Schließlich könnte ich ja wieder ins Büro gehen, wie vor unserer Ehe. Er arbeite ja schließlich auch den ganzen Tag und bekäme das Geld auch nicht geschenkt.

Wer will mich aber nach einer 24-jährigen Pause und in meinem Alter? Weil es ihm angeblich so schlecht geht, droht er damit, meine privaten Versicherungen zu kündigen. Ich weiß nicht einmal, ob das schlimm ist. Brauche ich die eigentlich und was kosten die mich nach der Scheidung? Hätte ich mich doch bloß schon vorher um dieses Thema gekümmert! Es war nicht so, dass mein Mann das nicht wollte. Ich selbst wollte nicht und habe immer gesagt: »Du machst das schon richtig für uns beide.«

145

Was er aber überhaupt gemacht hat, weiß ich nicht, und erst recht nicht, was er für sich gemacht hat. Sollte ich wieder zu Kräften kommen, werde ich mir nie wieder den finanziellen Teil aus der Hand nehmen lassen. Zuerst hatte ich gedacht, wenn ich meine Rolle als hilflose Ehefrau beibehalte, wird er auch weiter für mich sorgen. Da habe ich mich aber gründlich verrechnet – im Gegenteil, er nutzt meine Unwissenheit aus. Jetzt habe ich mich an eine Anwältin gewandt und mich auch finanziell beraten lassen. Zum ersten Mal seit Jahren ging es dabei um mich selbst und um meine finanzielle Zukunft. Ich bin immer noch menschlich von meinem Mann enttäuscht, aber die Schuld für meine miserable finanzielle Lage rechne ich ihm nicht allein an. Ich hätte mich darum kümmern müssen, spätestens als es anfing, in der Ehe zu kriseln. Aber da hatte ich ja noch Hoffnungen, dass er zu mir zurückfindet, und wollte über so unangenehme Dinge wie Finanzen nicht reden.

»Ich wurde behandelt wie ein unmündiges Kind!«
Vera L., 38:

Als ich meinem Mann mitteilte, dass ich jetzt endgültig beschlossen hätte, mich selbständig zu machen, und zwar ernsthaft, nicht mit Töpfern oder Seidenmalerei, sondern mit einem Büroservice, reagierte er unheimlich sauer. Wer soll das finanzieren? »Du solltest mir lieber in meiner Firma helfen!«, maulte er. »Die Verluste soll ich dann wohl wieder ausgleichen?« Es war nicht sehr motivierend. Die Idee, dass ich Erfolg haben könnte, kam ihm gar nicht. Vor der Eheschließung – vor gut acht Jahren – hatte ich einen sehr guten Chefsekretärinnen-Posten. Zurück ins Büro wollte ich noch nicht, dafür waren mir unsere beiden Kinder noch zu klein. Also wollte ich von zu Hause aus anfangen. Mein Mann war entsetzt. Fremde Leute würden in unser Haus kommen! Sein einmal im Vierteljahr benutztes Arbeitszimmer wollte ich belegen! Aber ich ließ mich nicht abschrecken. Und ging zur Bank, um wegen eines Startkredits zu verhandeln. Der Bankberater, der uns schon lange kennt, fragte doch tatsächlich als Erstes, was denn mein Mann zu meiner Idee sagen würde!

Unser Steuerberater, mit dem ich meine Pläne durchsprach, entließ mich mit der Bemerkung, alles mit meinem Mann zu regeln.

Wer bin ich eigentlich, ein unmündiges Kind, das nichts ohne die Genehmigung seines Papis anfassen darf? Warum wurde ich nicht genauso ernst genommen wie mein Mann? Ich war doch die Fachfrau auf diesem Gebiet! Mein Mann bot sich an, mit den Herren zu sprechen. Ich lehnte dankend ab. Er reagierte wie ein beleidigtes Kind, das nicht mitspielen darf.

Ich lud einige Frauen ein, denen ich mein Konzept vorstellen und deren Anregungen ich hören wollte. Mein Mann kam dazu, setzte sich in die Runde, glänzte mit witzigen Ideen und gescheiten Bemerkungen. Aber er merkte gar nicht, wie ich immer stiller und böser wurde. Letztendlich verließ er die Runde mit der Bemerkung: »Sag Bescheid, wenn ihr mit eurem Konzept fertig seid. Ich schau dann noch mal drüber.«

Am Anfang meiner Selbständigkeit hatte ich immer das Gefühl, belauert zu werden, und ich musste mich auch ganz allein über meine ersten Erfolge freuen. Erst als mir ein großer Vertrag durch die Lappen ging – und ich völlig mutlos war –, zeigte er sich wieder als der Mann, der er vor meinem Schritt war. Er wurde gebraucht – ohne ihn lief also doch nichts. Seitdem geht es besser. Ich lasse ihn wieder »mitspielen«, aber die Hauptrolle in meiner Selbständigkeit habe ich behalten. Heute sehe ich die Sache ganz emotionslos: Er hat den plötzlichen Machtverlust nicht verkraftet. Ich gehe deshalb jetzt langsamer und vorsichtiger vor, stoße ihn nicht so abrupt zurück. Allmählich langweilt ihn meine Arbeit und er fängt wieder an, sich ausschließlich um seine eigenen Angelegenheiten zu kümmern.

»Nie mehr um Geld fragen, himmlisch«

Karla F., 47:

Ich bin sehr glücklich verheiratet. Die Aufteilung unserer Ehepflichten ist einfach: Ich bin für den Haushalt und die Erziehung unseres Sohnes zuständig. Und mein Mann für alles andere. Ehrlich gesagt, hat sich »das andere« für meinen Mann nicht schlecht entwickelt. Er ist im Beruf vorangekommen, verdient hervorragend und hat letztens eine kleine Erbschaft gemacht, nicht der Rede wert, deshalb hat er mich damit auch gar nicht behelligt. Er teilt seine Zeit nach seinen Terminen ein, meine Zeit auch. Wenn er zu Hause ist, möchte er, dass für ihn gesorgt wird, denn schließlich bringt er ja das Geld nach Hause. Für mich war die Welt lange Zeit so in Ordnung, ein sorgenfreies Leben...

Eigenes Geld hatte ich nicht. Wieso, da habe ich eben meinen Mann gefragt, wenn ich was brauchte. Und hab's dann auch bekommen. Meistens. Wichtig war nämlich immer, dass ich den richtigen Zeitpunkt abgewartet habe und ihn nicht damit nervte. Dafür habe ich aber in den vielen Ehejahren ein ganz gutes Gespür entwickelt. Solche Rücksichten hat er nie entwickelt, musste er ja auch nicht, er war schließlich der Geldverdiener in der Familie.

Seit kurzem arbeite ich jetzt halbtags in einem Büro. Es tut mir so gut! Ich habe eine interessante Arbeit, komme mit vielen Leuten zusammen und es gefällt mir, mein eigenes Konto mit meinem eigenen Geld zu haben. Nie mehr fragen müssen, himmlisch! Nachmittags habe ich natürlich mehr Stress als vorher, weil mir ja noch der Haushalt bleibt. Und ich will meinen Mann nicht gleich überfordern: Selbstverwirklichung, eigenes Einkommen und noch Hilfe von ihm im Haushalt verlangen. Beschweren mag ich mich nicht, denn dann würde nur die Aussage kommen: »Bleib ruhig zu Hause – Du willst ja arbeiten!« Also, der Preis für die finanzielle Unabhängigkeit ist schon hoch. Aber zurück in die alte Rollenverteilung will ich auf keinen Fall mehr. Vielleicht schaffe ich es, wenn mein Mann mal besonders gute Laune hat, auch über eine andere Arbeitsverteilung im Haushalt zu reden.

Versichern – aber richtig

Was die Frauen in den drei Beispielen vereint, ist die Tatsache, dass sie aufgrund des langen Berufsausstiegs später einmal auf eine minimale Rente angewiesen sein werden. Wenn sie nicht privat etwas für die Alterssicherung tun. Das Problem ist aber nicht nur die Unterbrechung der Berufstätigkeit, sondern dass 60 Prozent der Frauen immer noch damit rechnen, dass sie im Alter keine Abstriche bei ihrem Lebensstandard machen müssen. Dabei liegt die durchschnittliche Versorgungslücke bei ca. 500 Euro im Moment. Bereits 1992, in ihrem ersten Buch »Frauen leben länger, aber wovon?«, hat Svea Kuschel darauf hingewiesen.

Sie hat festgestellt, dass sich ein Großteil der Frauen nicht ausreichend mit dem Thema Altersvorsorge auseinandersetzt. Auch in ihrem aktuellen Buch »Geld steht jeder Frau« geht es darum, dass für Frauen das Thema »Finanzielle Vorsorge« immer noch einen geringen Stellenwert hat. Zwar geben fast 90 Prozent der Frauen bei Befragungen an, dass sie Angst vor Armut im Alter haben, aber nur die Hälfte der Befragten gibt an, etwas dagegen zu unternehmen. Über ein Drittel der Frauen hat noch gar nichts unternommen, um sich vor der Altersarmut zu schützen.

Aber Frauen sind für ihre Absicherung selbst verantwortlich. Das gilt nicht nur für die berufstätige Single-Frau, sondern auch für Frauen, die verheiratet sind und zeitweise kein eigenes Einkommen haben. Denn in der Ehe ist meistens nur der Mann als Ernährer abgesichert. Selbst wenn Frauen bereits etwas für ihr Alter anlegen, liegt die Beitragshöhe sehr niedrig. Männer investieren im Durchschnitt die doppelte

Summe. Ein Widersinn, wenn man bedenkt, dass Frauen bei Rentenbeginn mehr Geld benötigen als Männer, weil das Kapital aufgrund ihrer längeren Lebenserwartung auch länger reichen muss.

Aber es bewegt sich doch etwas in der Versicherungslandschaft, oder nicht? Die Versicherer haben die Frau als Kundin entdeckt. Der Spruch »Ist der Mann versichert, ist die Frau versorgt« hat ausgedient. Der Mann als Absicherung ist etwas aus der Mode gekommen. Zu häufig hat sich dieses Modell als nicht verlässlich erwiesen. Mit speziellen Lady- und Femi-Programmen wird die Frau seit einiger Zeit direkt umworben. Aber sie muss höllisch aufpassen, dass es sich nicht um eine Mogelpackung handelt und sie für unnütze Dinge bezahlen muss. Wie heißt es so treffend bei Karl Valentin: »Eine Versicherung ist etwas, das man eigentlich nie brauchen müssen möchte, aber doch einfach wollen muss, weil man sie immer brauchen könnte.« Auf diesem Prinzip sollten auch die Fragen basieren, die sich eine Frau bei der Neu-Organisation ihrer Versicherungen stellen sollte:

Woher kommt das Geld,
+ wenn ich lange Zeit krank bin?
+ wenn ich ein Pflegefall werde?
+ wenn ich alt bin?
+ wenn ich Invalide werde?
+ wenn ich jemand anderem einen Schaden zufüge?

Svea Kuschel rät, bei der Wahl der Versicherung die eigene Person immer in den Mittelpunkt der Überlegungen zu stellen. Das ist nicht selbstsüchtig, sondern sinnvoll. Warum sollten Sie jeden Stuhl im Hausrat versichern, aber nicht Ihre Arbeitskraft? Warum kümmern Sie sich mehr um die Mitfahrer in Ihrem Auto als um Ihre eigene Invalidität? Und warum sollten Sie die Vorsorge für sich irgendjemand anderem überlassen, Ihrem Ehemann oder dem Staat?

Ihr Leben steht im Mittelpunkt

Wir können unmöglich alles im Leben versichern, dann hätten wir kein Geld mehr zum Leben. Deshalb ist es umso wichtiger, vorher zu entscheiden: Wie viel Geld kann ich für meine private Absicherung investieren? Das fällt uns ja mit der erlernten Kostenanalyse leicht.

Der zweite Schritt: Stellen Sie eine Liste mit Fragen zusammen, die Ihre jetzige Lebenssituation und Ihre Zukunftspläne betreffen. Nur als Anregung hier ein paar Beispiele:

✤ Werde ich durchgehend berufstätig bleiben? Oder: Wie lange wird die Unterbrechung wegen der Kinder dauern?

✤ Wie würde es aussehen, wenn mein Mann und ich uns trennen würden?

✤ Was muss ich absichern: meinen Besitz, meine Arbeitskraft, meine eigene Zukunft oder die Ausbildung der Kinder?

✤ Wenn ich mich selbständig machen würde, welche Risiken müsste ich abdecken?

Fragen Sie sich im dritten Entscheidungsstadium: Welche Sicherheit ist für mich persönlich am wichtigsten, worauf könnte ich notfalls verzichten? Über diese Dinge sollten Sie sich im Klaren sein, bevor Sie einen Termin mit einer Beraterin oder einem Berater vereinbaren.

Svea Kuschel rät für das Gespräch: »Meist wird von den Vertretern schnell ein Versicherungsmodell hingeworfen, aus Computerlisten Beitrags- und Leistungssummen herausgezogen. Und die Beratene weiß hinterher eigentlich nicht so genau, was sie jetzt unterschrieben hat. Die beste Methode gegen das Versicherungschinesisch ist meiner Erfahrung nach: Versuchen Sie (natürlich bevor Sie unterschrieben haben) jemand anderem zu erklären, wogegen Sie jetzt abgesichert sein werden und wie. Wenn Sie das nicht können, fehlt Ihnen selbst noch die Klarheit. Und Sie sollten noch einmal unerbittlich nachhaken.«

Versicherungen: Volltreffer und Nieten

Alle Versicherungen lassen sich in drei Dringlichkeits-Kategorien einteilen: in solche, die ich unbedingt brauche, in solche, die empfehlenswert sind, und in solche, die ich zusätzlich abschließen kann, wenn's mich beruhigt. Dazu kommen absolut überflüssige Policen, die nur den Versicherungs-Unternehmen nützen. Zu den Einzelnen:

1. Versicherungen, die ich auf jeden Fall brauche
Sie sichern elementare Risiken ab. Das sind solche Fälle, die, sollten sie eintreffen, mich in finanzielle Nöte bringen würden, und das zum Teil ein Leben lang.

Ein unterschätztes Risiko ist die Berufsunfähigkeit. Sollte ich durch Krankheit oder Unfall meinen Beruf nur noch zur Hälfte oder auch weniger ausüben können, fehlt mir bis zur Rente das Einkommen. Von der gesetzlichen Rentenversicherung ist kaum noch etwas zu erwarten. Für alle, die nach dem 1.1.2001 geboren wurden, gibt es keine Berufsunfähigkeitsrente mehr, sondern nur noch eine sogenannte Erwerbsminderungsrente. Eine Unfallversicherung kann nicht den erforderlichen Schutz bieten, denn 90 Prozent der Invaliditätsrenten werden wegen Krankheit gezahlt.

Es ist kaum zu glauben, aber es gibt immer mehr Menschen, die keine Krankenversicherung haben. Dabei handelt es sich um ein unkalkulierbares Risiko. Denn die Krankenversicherungen übernehmen die finanziellen Lasten, die allein gar nicht getragen werden könnten. Krankenversicherungen sind deshalb der wichtigste Schutz für alle. Ob gesetzlich oder privat, ich brauche sie für die Versorgung im Krankenhaus, für die ambulante ärztliche und zahnärztliche Versorgung. Selbständige sollten unbedingt ein Krankengeld versichern. Es überbrückt die Zeit, in der ich nicht arbeiten und nichts verdienen kann. (Dies ist etwas anderes als das Krankenhaustagegeld!)

In diese Kategorie der elementaren Risiken gehört auch die private und berufliche Haftpflicht. Die Versicherung prüft, ob ich Schuld an einem Vorfall habe, und übernimmt die Zahlungen an Leute, die ich geschädigt habe: wenn der geplatzte Schlauch meiner Waschmaschine die drei Wohnungen unter mir unter Wasser setzt, wenn ich mit meinem Fahrrad einen Fußgänger anfahre oder wenn bei einem Besuch meine Kinder den Computer einer Freundin im Nebenzimmer auseinandernehmen und ich meine Aufsichtspflicht verletzt habe.

2. Versicherungen, die empfehlenswert sind

Sie haben fast alle mit meinem Wohlergehen zu tun. An erster Stelle steht hier die Altersvorsorge. Die staatliche Durchschnittsrente von Frauen beträgt heute knapp 700 Euro im Monat! Selbst Frauen, die mehr als 40 Jahre lang kontinuierlich gearbeitet und immer Höchstbeiträge in die gesetzliche Rentenversicherung eingezahlt haben, können nicht mehr als 3 000 Euro Rente im Monat erwarten. Deshalb sollten sich alle Frauen neben der gesetzlichen Versorgung oder eventueller Betriebsrenten (als Angestellte oder auch beherrschende Gesellschafterin einer GmbH) ein drittes Standbein sichern.

Hier hat sich seit dem 1. Januar 2005 nahezu alles verändert. Nur bei Kapitallebensversicherungen, Fondsgebundenen Lebens- und Rentenversicherungen und klassischen privaten Rentenversicherungen, die bis zum 31.12.2004 abgeschlossen wurden, gilt noch die steuerfreie Kapitalauszahlung am Ende des Vertrages.

Für alle, bei denen es um eine lebenslange private Rente geht, haben sich die Angebote verbessert. Waren die Angebote bisher (bis auf die Ausnahme der von Svea Kuschel konzipierten I*R Individuellen Rente) absolut unflexibel, was die Beitragzahlung betrifft, so steht Flexibilität jetzt in den unterschiedlichsten Formen zur Verfügung. Es sind monatliche Einzahlungen in Kombination mit freiwilligen Zuzahlungen möglich. Was ganz besonders für Frauen und da wiederum für Selbständige mit schwankendem Einkommen ideal ist.

Hinzu kommt, dass die Beiträge zur Altersvorsorge aufgrund der Umstellung von einer vorgelagerten Besteuerung hin zur nachgelagerten Besteuerung steuerlich abgesetzt werden können.

Svea Kuschel teilt die Vorsorgemodelle in zwei Klassen ein:

a) Die Modelle, die gefördert werden

Zum Beispiel durch die Möglichkeit, Steuern auf dem Weg zur Rente zu sparen oder Zuschüsse zu erhalten, zum Beispiel die gesetzliche Rente, Rente aus Versorgungswerken, die ganz neue Basis- (Rürup-)Rente, die Riester-Rente.

Die Förderung ist auch mit Forderungen des Gesetzgebers verbunden. So werden die Renten heute zwar gefördert, ab Rentenbeginn aber dann kräftig besteuert. Wer jedoch im Alter (und das trifft auf die meisten zu) einen niedrigeren Steuersatz hat als während der Berufstätigkeit, kommt gut dabei weg.

Hinzu kommt noch, dass die Gestaltung der Verträge nicht frei wählbar ist. So können Basis-(Rürup-)Renten weder vererbt noch beliehen noch kapitalisiert werden. Die Auszahlung darf nicht vor dem 60. Lebensjahr erfolgen und nur in Form einer lebenslangen Rente. Auch für die gesetzliche, betriebliche und Riester-Rente gelten ganz feste Vorgaben.

b) Die private Rente

Diese Form der Vorsorge fürs Alter wird steuerlich nicht mehr gefördert. Dafür kann der Vertrag jederzeit den individuellen Wünschen angepasst werden, was den Rentenbeginn, die Hinterbliebenenversorgung und die Einzahlungen betrifft.

Neu ist auch, dass die Bundesversicherungsanstalt für Angestellte (BfA) und die Landesversicherungsanstalten für Arbeiter und Arbeiterinnen (LVA) jetzt jährlich den Versicherten die voraussichtlichen Rentenwerte mitteilt.

Die private Unfallversicherung kann zwar die Berufsunfähigkeitsrente nicht ersetzen. Sie ist aber für alle interessant, die Kapital benötigen, um im Falle einer Invalidität durch Unfall das Umfeld invalidengerecht gestalten zu können.

Besonders Kinder und Hausfrauen sollten eine Unfallversicherung haben. Es ist paradox, dass Männer, die meist durch den Arbeitgeber sowieso unfallversichert sind, diese zusätzliche Absicherung häufiger abgeschlossen haben als beispielsweise eine Hausfrau, die über keinen Versicherungsschutz verfügt. Die Unfallversicherung kostet nur ein paar Euro im Jahr, springt aber ein, wenn ich beispielsweise durch eine schwere Behinderung teure Pflegekräfte brauche oder hohe Rehabilitationskosten bezahlen muss.

3. Versicherungen, die Sie zusätzlich abschließen können

Dazu gehört die Hausratversicherung. Überlegen Sie aber, ob Sie eventuelle Schäden durch Einbruch/Diebstahl, Leitungswasser, Feuer, Sturm/Hagel, Vandalismus selbst tragen könnten, bevor Sie monatlich in die Versicherung einzahlen. Das Gleiche gilt für Glasversicherungen. Erst rechnen, dann abschließen.

Eine der Deutschen liebste Versicherung ist die Rechtsschutzversicherung. Viele können erst ruhig schlafen, wenn sie die Police unterm Kopfkissen haben. Am sinnvollsten sind sicher ein Verkehrsrechtsschutz, wenn Sie ein Auto haben, und ein Mietrechtsschutz, wenn Sie in einer Mietwohnung leben. Aber denken Sie daran: Wenn Sie jemanden verklagen und Recht bekommen, zahlt sowieso die gegnerische Versicherung. Und in voraussichtlich aussichtslosen Fällen kann die Versicherung die Übernahme ablehnen.

Wenn Sie Ihre Lebensrisiken weitgehend abgedeckt und Geld übrig haben, können Sie an ein Einbettzimmer im Krankenhaus und Zahnersatz denken. Kranken-Zusatzversicherungen können diese Besserversorgung abdecken, am sinnvollsten wahrscheinlich im Zahnbereich.

4. Und hier die beiden absolut überflüssigsten Versicherungen:

Die Insassenunfallversicherung ist eine wunderbare Erfindung – für Versicherungskonzerne. Sie wird oft aus Angst um die Mitfahrer abgeschlossen. Ist aber höchst überflüssig: Verursachen Sie einen Autounfall, kommt Ihre Haftpflichtversicherung für den Schaden von Beifahrern auf. Sind die Unfallgegner schuld, zahlt deren Haftpflicht. So what?

Krankenhaustagegeld für Angestellte. Wird wahnsinnig gern abgeschlossen, ist aber absolut überflüssig. Die Krankenhauskosten zahlt sowieso die Kasse. Das Gehalt läuft weiter und nach sechs Wochen übernimmt die Kasse auch die Lohnfortzahlung. Die einzige Genugtuung liegt darin, dass ich bei einem langfristigen Krankenhausaufenthalt hinterher ein paar tausend Euro »verdient« habe – Schmerzensgeld sozusagen. Vielleicht ließen sich die jahrelangen Beiträge sinnvoller und renditeträchtiger anlegen?

Haben Sie nun Lust bekommen, sich ausführlicher mit Geldfragen zu beschäftigen? Es lohnt sich, das kann ich Ihnen versprechen!

Der Literaturanhang ab Seite 203 enthält zwei empfehlenswerte Bücher von Svea Kuschel zum Thema Finanzen. Und auf Seite 201 finden Sie, wie versprochen, die Adressen von Finanz- und Versicherungsexpertinnen. Im nächsten Kapitel möchte ich Ihnen meine Methode der Selbst-PR vorstellen.

»Ich zeige mich!«

Erinnern Sie sich an die prägenden Sätze aus der Kindheit, über die ich im Kapitel »Ich bestimme mein Leben selbst!« geschrieben habe? Einer davon, und nicht der unwichtigste, heißt »Eigenlob stinkt!« Und jetzt biete ich Ihnen trotzdem ein Kapitel über Selbstdarstellung oder Selbst-PR? Ja, eben darum. Gerade Frauen nehmen sich diesen Spruch bis zur Groteske zu Herzen: »Was, das Essen schmeckt? Ach, das ist doch nur ganz was Einfaches!« – »Ich habe eine Eins geschrieben? Ach, das war Zufall.« – »Du findest mich hübsch? Ach, schau doch mal meine schiefe Nase an. Und meine Oberschenkel sind viel zu dick!« Manchmal möchte ich Frauen schütteln, die auf diese Weise jedes Kompliment kaputtreden, jede Leistung verharmlosen und ihr Können, ihren Charme und ihren Geist klein machen, kurz, ihr Licht unter den Scheffel stellen. Deshalb heißt das Motto dieses Kapitels: »Eigenlob stimmt!«

Und das möchte ich Ihnen im Einzelnen vermitteln:

- Wie Sie Ihre eigenen Stärken (und Schwächen) erkennen.
- Wie Sie herausfinden, welche Botschaft Sie rüberbringen wollen.
- Wie Sie Ihre Leistung deutlich machen, ohne deswegen zur plumpen Aufschneiderin zu werden.

Insbesondere sollen Sie lernen, wie Sie:

- den Job bekommen, den Sie möchten;
- die Gehaltserhöhung durchsetzen, die Sie möchten;
- den geschäftlichen Erfolg erreichen, den Sie möchten;
- die Wohnung bekommen, die Sie möchten.

Öffentlichkeitsarbeit für Sie selbst

»Mein Abteilungsleiter hat mir neulich geraten, mich besser zu verkaufen. Aber ich kann das nicht, ich bin doch keine Schokolade. Entweder die anderen erkennen, was ich kann, oder sie lassen es eben!« Diese Einstellung ist immer noch nicht so unüblich. »Sich verkaufen« – bei vielen Menschen erzeugt dieser Ausdruck Horrorvisionen, sie verstehen darunter: sich verbiegen, sich prostituieren, sich ausliefern, mit dem Teufel einen Pakt schließen. Wenn Ihnen dieser Ausdruck auch nicht schmeckt, weil er Sie als eine »Ware« erscheinen lässt, versuchen Sie es doch einmal anders auszudrücken. Könnten Sie sich nicht einmal vorstellen, doch »Schokolade« für die anderen zu sein? Etwas Begehrenswertes, mit dem man sich gern umgibt, das das Leben schöner macht und an dem man sich freuen kann?

Auch ich gehörte zu dieser Art Mensch und stand der ganzen Idee skeptisch gegenüber. Ich war der Ansicht: Wer gute Leistungen abliefert, wird bemerkt, und legte meine ganze Konzentration auf meine Arbeit. Dennoch fragte ich mich immer, warum andere Karriere machten und ich immer noch brav an meiner Arbeit – damals in der COSMOPOLITAN-Redaktion – saß. Ein Bericht über eine Studie, die ich in der amerikanischen Ausgabe der COSMOPOLITAN fand, hat mir ein gewisses Aha-Erlebnis verschafft: Es ging darum, welche Kriterien dazu beitragen, ob jemand befördert wird. Das Ergebnis war erstaunlich. Die Leistung machte ganze 10 Prozent aus, Selbstdarstellung schon 30 Prozent und der Löwenanteil, nämlich 60 Prozent, Kontakte und Beziehungen im Unternehmen.

Also: Nicht der Beste wird automatisch befördert, sondern der, der seine Qualitäten auch zeigt, der sich bei den richtigen und wichtigen Leuten bekannt macht. Kurzgefasst: Ihr Erfolg hängt vor allem von einer guten Selbstdarstellung ab. Und wer es beherrscht, wird auch davon profitieren.

Mit dieser Erkenntnis im Gepäck entwickelte ich die Strategie der Selbst-PR – meine Art der »Öffentlichkeitsarbeit für sich selbst«. 1996 veröffentlichte ich ein Buch über meine Selbst-PR-Strategie im Econ Verlag, erarbeitete ein praktisches Seminarkonzept und habe seither weit über zehntausend Menschen in Sachen Selbst-PR trainiert!

Und was mich besonders freut: Ich selbst bin das beste Beispiel dafür, dass meine Methode funktioniert. Damals war ich Redakteurin bei der Zeitschrift COSMOPOLITAN. Nach sieben harten Jahren der parallelen Tätigkeit als Journalistin und Trainerin wagte ich den Sprung in die Selbständigkeit. Heute habe ich ein florierendes Trainingsunternehmen ASGODOM LIVE und zähle zur Champions League der deutschen Trainingsszene, was die Bekanntheit und das Umsatzvolumen betrifft.

Die Grundlagen meiner Methode sehen so aus:

Selbst-PR hilft Ihnen, Ihre Ziele zu erreichen, indem Sie Menschen von sich, Ihren Ideen, Gedanken, Wünschen so überzeugen, dass sie bereit sind, etwas für Sie zu tun.

Hier ein konkretes Beispiel: Selbst-PR bedeutet, Ihren Chef von Ihrer Qualität so zu überzeugen, dass er endlich bereit ist, Ihnen das Gehalt zu erhöhen.

Um uns richtig zu verstehen: Das erreichen Sie nicht durch Aufschneiderei und plumpes Selbstlob. Aber eben auch nicht allein durch Leistung. Sondern Sie erreichen es, indem Sie diese Leistung *sichtbar* machen. Jeder muss erkennen können, worin Sie einzigartig sind. Wichtigste Voraussetzung dafür: Sie selbst wissen es.

Gelungene Selbst-PR ist deshalb keine äußerliche Aktion, die sich an andere richtet, ist kein Theater, kein Vorspiegeln eines falschen Scheins. Bluffer erzielen zwar oft kurzfristig Erfolge, werden aber bald durchschaut. Ein Beispiel aus jüngster Zeit: Ein deutscher Multimillionär hatte ein eher unbedeutendes Buch geschrieben. Offensichtlich mit Hilfe einer PR-Agentur gelang es ihm, innerhalb kurzer Zeit in mehrere

Fernseh-Talkshows eingeladen zu werden. Seine Auftritte, von denen ich mehrere selbst sah, waren, gelinde gesagt, peinlich. Er landete schnell wieder in der Versenkung.

Gelungene Selbst-PR ist in erster Linie Ihre Auseinandersetzung mit Ihrer eigenen Person. Sie werden andere Menschen besser überzeugen können, weil Sie Ihre Gedanken, Ideen, Verhaltensweisen besser strukturieren und zielgerichteter einsetzen. Sie werden gehört werden, weil Sie etwas zu sagen haben. Sie werden faszinieren, weil Sie eine selbstbewusste Persönlichkeit besitzen. Das gilt für jedes Publikum, ganz gleich, ob Sie Personalchefs, Wohnungsmakler, Kunden, die Öffentlichkeit oder Ihre zukünftige Schwiegermutter beeindrucken wollen.

Selbst-PR lässt Sie die Freude an persönlicher Darstellung erfahren. Sie werden Erfolgserlebnisse kennenlernen, schätzen und anstreben. Sie macht Sie zum »Markenartikel« und befreit Sie aus dem »Me-too-Status«, hebt sie aus der großen Masse heraus. Sie werden immer »einen Auftritt« haben. Selbst-PR zeigt Ihnen den Weg, Ihre Stärken zu erkennen und sie gezielt einzusetzen, Ihre Schwächen mit einzubeziehen und konstruktiv umzuwandeln. Sie lernen, Ihre Vorteile zu erkennen und zu nutzen.

Und wofür das alles? Mit Hilfe der Selbst-PR werden Sie Ihre Vorstellungen, Wünsche, Ziele besser durchsetzen. Sie werden das Steuer Ihres Lebens in die Hand nehmen und entscheidend daran drehen. Sie werden stärker als bisher Ihr Leben leben, so wie es Ihnen lebenswert erscheint.

Wie Sie dies schaffen, in welchen Bereichen Sie ansetzen und welche Ergebnisse Sie erzielen können, werde ich Ihnen auf den folgenden Seiten zeigen.

Qualitätsprodukt oder Mogelpackung?

Ich gehe davon aus, dass Sie auf der Selbstbewusstseins-Skala
nicht mehr ganz unten stehen oder dass Sie gerade dabei
sind, vielleicht mit Hilfe des Kapitels »Selbstbewusstsein«, an
Ihrem positiven Selbstbild zu arbeiten. Entscheidend ist, dass
Sie die Botschaft, die Sie vermitteln wollen, überhaupt sehen.
Es reicht eben nicht, sich zu wünschen, reich und berühmt
zu werden. Was ist Ihr Einsatz? Was können Sie bieten, worin
besteht Ihr »Marktwert«?

In einer ehrlichen Selbstanalyse können Sie Ihr USP erstellen. USP ist die Abkürzung für Unique Selling Proposition
und steht für die Einzigartigkeit eines Produkts. (Bitte lassen
Sie sich durch das Wort Produkt nicht abschrecken. Sie und
ich wissen, dass es um Sie als Mensch geht, mit Gedanken,
Gefühlen, Bindungen.)

Was macht Sie einzigartig?

- Ihr Durchsetzungsvermögen?
- Ihre Einsatzbereitschaft?
- Ihre Fähigkeit, zuhören zu können?
- Ihr Fleiß?
- Ihre Menschenkenntnis?
- Ihre Fähigkeit zur schnellen Analyse?
- Ihre starken Visionen?
- Ihre grenzenlose Geduld?
- Ihre Stress-Resistenz?
- Ihr Spaß an Herausforderungen?
- Ihre Fröhlichkeit?
- Ihre Hingabe?
- Ihre Fähigkeit, andere motivieren zu können?
- Ihre positive Ausstrahlung?
- Ihr Fachwissen?
- Ihre Neugier?
- Ihre Risiko-Bereitschaft?

Stellen Sie sich eine Liste mit allen positiven Merkmalen zusammen, die Sie an sich feststellen können. Und fragen Sie ruhig ein paar Freunde und Freundinnen, was sie an Ihnen besonders schätzen.

Auch wenn ich glaube, dass Frauen eher ermutigt werden müssen, ihre positiven Seiten festzustellen und zu nutzen, noch einmal die Warnung: Voraussetzung für eine gelungene Selbst-PR ist rücksichtslose Wahrheit. Sie können nur einsetzen, was Sie wirklich haben. Es sind Ihre Vorteile und insbesondere Ihr USP, weshalb sich Menschen für Sie und Ihre Leistungen entscheiden. Deshalb bringt Wunschdenken nicht weiter. Nicht welche Rolle Sie spielen, entscheidet, sondern wie Sie wirklich sind. Achten Sie darauf, ein Qualitätsprodukt und keine Mogelpackung darzustellen.

Wissen Sie, was andere wünschen?

Wir können nur Interesse bei anderen Menschen für uns wecken, wenn wir unsererseits neugierig auf andere sind: Welche Erwartungen haben die anderen? Welche Wünsche? Welche Probleme? Was kann ich ihnen liefern, was sie gebrauchen können? Dazu gehört, den Blick von mir auf die anderen zu richten. (Das heißt auch, mich inspirieren zu lassen: durch fremde Kulturen, durch Musik, durch die Natur, durch Philosophie, durch Kinder, durch Lesen, durch verrücktes Verhalten außerhalb von Normen.)

Die Botschaft, die Darstellung Ihrer Person, die Sie vermitteln möchten, ist auch abhängig von Ihrem Gegenüber, der Zielperson oder Zielgruppe. Je besser Sie deren Interessen kennen, desto deutlicher können Sie die dazugehörige Botschaft formulieren. Stellen Sie sich deshalb folgende Fragen:

- Welche Zielgruppe, -person möchte ich ansprechen?
- Wie verhält sich diese Gruppe/Person?
- Welche Interessen sind vorherrschend?
- Welche Probleme sind offensichtlich?
- Welche Probleme vermute ich?

Wenn ich weiß, was die anderen brauchen oder wollen, weiß ich auch, was ich ihnen anbieten kann, um meine Interessen zu verfolgen. Das klingt zu kompliziert? Dann ein praktisches Beispiel: Wenn ich weiß, dass meine Vorgesetzten derzeit nach jemandem suchen, der eine chaotische Abteilung in den Griff bekommen kann, stelle ich meine Fähigkeiten heraus, andere zu motivieren und einen klaren Kopf zu behalten, entwickle konstruktive Vorschläge und sorge dafür, dass sie an der richtigen Stelle ankommen.

Ein wichtiger Aspekt dabei: Unterscheiden Sie zwischen Werbung und PR. Werbung ist, wenn Sie Ihren Vorgesetzten klar und ohne Umschweife sagen, dass Sie eine hervorragende Mitarbeiterin sind. PR ist, wenn andere dies für Sie tun. Schauen Sie sich deshalb in jeder Situation unter Ihren Kollegen und Vorgesetzten um, wer ein gutes Wort für Sie einlegen könnte. Wer kann Sie pushen? Wer kann Ihr hohes Lied singen? Wen können Sie wie beeindrucken, damit sich Ihre Qualitäten herumsprechen?

Ich weiß übrigens von Männern, die ein entsprechendes »Bündnis« eingegangen sind. – Sie loben sich gegenseitig gegenüber Vorgesetzten: »Also der Herr X hat das ja ganz toll erledigt. Auf den kann man sich wirklich verlassen.« Wenn es nicht zu plump geschieht, zeigt dieses Doppel-Pushing durchaus Wirkung.

Wie Sie den Job bekommen, den Sie möchten

Das Wissen um Ihre Einzigartigkeit und die Präsentation Ihrer Vorteile sind Voraussetzungen dafür, dass Sie den Job finden, den Sie möchten. Es ist das »etwas mehr«, das den Erfolg ausmacht. Erfolgreiche Menschen fangen da an, wo andere aufhören. Sie geben sich nicht mit ihrem Können zufrieden, sondern sorgen dafür, dass es erkannt wird. Lesen Sie die Biographien berühmter Männer und Frauen und Sie erkennen, dass Erfolg kein Zufall ist. Diese Erkenntnis setzt sich nach und nach auch unter berufstätigen Frauen durch. Immer mehr suchen Unterstützung bei Karriereberaterinnen und Coaches, lassen sich bei der beruflichen Planung helfen. Und die beginnt bei der Persönlichkeitsanalyse:

1. Persönlichkeitsanalyse

Auf Basis der oben beschriebenen »Produkt-Story« für Ihre Person erarbeiten Sie ein Leistungsprofil für das, was Sie für Ihren angestrebten Job bieten können. Inhalte für dieses Leistungsprofil sollten sein:

+ Beurteilung persönlicher Eigenschaften,
+ fachliche Qualifikationen (Schul-, Aus-, Weiterbildung),
+ bisherige Arbeitgeber,
+ herausragende Leistungen,
+ angestrebte Position.

Und zusätzlich basierend auf unserem Marketing-Modell »Ich bin ein Produkt«:

+ Wer ist meine Zielgruppe/Zielperson?
+ Was sind meine Zielsetzungen?
+ Wie sehe ich meine Positionierung innerhalb des Arbeitsmarktes bzw. innerhalb meiner jetzigen Firma?
+ Was ist mein Vorteil, mein USP? Was unterscheidet mich von anderen?
+ Wie sieht meine Botschaft aus?

Die Beantwortung dieser Fragen schafft Ihnen eine ideale Ausgangsbasis für alle Job-Gespräche, die auf Sie zukommen können. Nichts beeindruckt Ihr Gegenüber im Berufsleben mehr als Sicherheit im Auftreten, das Wissen um das eigene Können und eine selbstbewusste Einschätzung der eigenen Persönlichkeit.

2. Analyse des Job-Marktes

Je nachdem, welchen Job Sie anstreben, ist es wichtig, die Angebote zu kennen. Ebenso wie der Markt für ein neues Produkt getestet wird, können Sie abchecken, wie der derzeitige Job-Markt aussieht. Lesen Sie den Wirtschaftsteil von Tageszeitungen, Wirtschaftsmagazine und Unternehmensbroschüren. Besuchen Sie die für Sie interessanten Unternehmen auf deren Internetseite. Ja, lesen Sie die Unternehmensnachrichten und quälen Sie sich durch die oftmals gähnend langweiligen Geschäftsberichte von Firmen, die Sie interessieren würden. Besorgen Sie sich Verbandsmitteilungen der Sie interessierenden Branche, um einen Überblick zu erhalten.

Eine informierte Bewerberin ist immer beeindruckend. Das Wissen um wesentliche unternehmerische Belange drückt ein hohes Maß an Eignung für den Job aus und bestätigt darüber hinaus Ihre Loyalität.

Denken Sie daran: Informationen sind eine Holschuld. Warten Sie nicht darauf, zufällig auf irgendetwas zu stoßen. Sondern recherchieren Sie gezielt und legen Sie sich ein Archiv an. Es bedeutet sofort abrufbare Informationen. Bietet sich Ihnen die Gelegenheit, bei einer bestimmten Firma ein Bewerbungsgespräch zu führen, haben Sie mit einer solchen Vorbereitung stressfreien Zugang zum hilfreichen Wissen.

3. Analyse des Unternehmens

Möchten Sie herausfinden, ob es eine Möglichkeit gibt, in Ihrem Betrieb voranzukommen? Oder möchten Sie mehr über das Unternehmen wissen, in dem Sie künftig arbeiten wollen? Dann nutzen Sie folgende Möglichkeit:

Die Wesenszüge eines Menschen nennt man Charakter. Ebenso verhält es sich bei einem Unternehmen. Es lohnt sich, die Charakterzüge einer Firma zu ermitteln und mit Ihren eigenen zu vergleichen – um festzustellen, ob sie zusammenpassen. Versuchen Sie festzustellen:

Ist die Firma

+ sozial eingestellt
+ teamorientiert
+ aufgeschlossen
+ modern
+ fortschrittlich
+ wettbewerbsfreudig
+ unbürokratisch
+ freundlich?

Oder ist sie

+ einseitig
+ verschlossen
+ altmodisch
+ streng hierarchisch
+ rückständig
+ bürokratisch
+ abweisend?[1]

So können Sie das herausfinden:

+ Lesen Sie den Geschäftsbericht im Hinblick auf die obigen Aspekte durch. Auch wenn er noch so langweilig

---

1 Quelle: Dynamische Public Relations, Harry Nitsch

ist, gibt er Ihnen sicher Hinweise auf die Schwerpunkte der Firmenkultur, zum Beispiel welche Rolle Frauenförderung oder Mitarbeiterbeurteilung oder das Verbesserungswesen spielen.

✦ Nutzen Sie die Möglichkeiten von Einstellungstests und Assessment-Centern, denn der einzige Sinn von Einstellungs- und Assessment-Centern ist es, die Leute zu finden, die am besten zu den angebotenen Jobs passen.

✦ Nehmen Sie an Veranstaltungen teil, an denen Informationen gegeben werden, zum Beispiel Tage der offenen Tür, Besprechungen, Betriebsversammlungen etc.

✦ Lesen Sie die Firmenzeitschrift.

✦ Achten Sie in branchenüblichen Fachzeitschriften und Tageszeitungen auf Berichte über die Firma.

✦ Studieren Sie die Unternehmensstruktur, den vorherrschenden Führungsstil.

✦ Hören Sie Kollegen und Kolleginnen und Vorgesetzten gut zu. Erkennen Sie deren Motivationen und Einstellungen.

✦ Achten Sie darauf, wie mit Top-Leuten in den Unternehmen umgegangen wird. Gilt das Prinzip »hire and fire«, dann wird auch mit den anderen ruppig umgesprungen.

Übrigens: Amerikanische Arbeitspsychologen haben herausgefunden, dass es »warme« und »kalte« Unternehmen gibt. Ich selbst geriet einmal vor Jahren in ein »kaltes« Unternehmen. Und war schon bald todunglücklich. Nach etwas mehr als einem Jahr warf ich das Handtuch, weil ich den menschenverachtenden Umgangston, der sich von der Verlagsspitze bis in die Redaktion zog, nicht mehr ertragen konnte. Eine vorherige sorgfältige Analyse hätte mich sicher gewarnt, das – zugegeben attraktive – Angebot anzunehmen. Ich hätte wahrscheinlich verzichtet – oder hätte zumindest offenen Auges die Realitäten sehen können und wäre weniger enttäuscht gewesen.

So machen Sie auf sich aufmerksam

Schon während Sie Karrierechancen ausloten, Unternehmen beschnuppern und sich für konkrete Jobs interessieren, müssen Sie sich um den wichtigsten Schritt der Selbst-PR kümmern: die Präsentation. Machen Sie auf sich aufmerksam:

+ Nutzen Sie jede Möglichkeit, Beiträge über Ihr Fachgebiet zu schreiben: für Firmen- oder Fachzeitschriften, in Publikationen von Berufsverbänden oder in Sammelbänden. So kann Ihr Name in Insiderkreisen ein Begriff werden.

+ Nutzen Sie das innerbetriebliche System für Verbesserungsvorschläge, wenn Sie im Haus Karriere machen wollen.

+ Reden Sie mit, wo immer Ihnen die Gelegenheit geboten wird, in Meetings, Betriebsversammlungen, auf Tagungen oder Fachkongressen.

+ Bedenken Sie, dass jede interne Notiz Sie »verkauft«, dass jeder Brief, den Sie schreiben, Außenwirkung hat, und Ihre Unterschrift Sie ebenfalls widerspiegelt. Gehen Sie deshalb sehr sorgsam mit Ihrer Korrespondenz um, vermeiden Sie vor allem inhaltliche und Formfehler.

+ Herausragende Leistungen werden dann als solche erkannt, wenn sie nicht gefordert waren. Bieten Sie das kleine »etwas mehr«.

+ Denken Sie mit, schreiben Sie Berichte, die nicht angefordert werden müssen, und machen Sie deutlich, dass dieser Bericht wichtig ist. Zeigen Sie, dass Sie eine gute Allgemeinbildung und weitreichende Interessen haben.

+ Lassen Sie sich einmal interviewen, zum Beispiel von einer Frauenzeitschrift zum Thema »Frauen und Karriere« oder »Sicheres Auftreten am Arbeitsplatz« (Tipps dazu ab Seite 188).

Wenn Sie reden, sprechen Sie laut, und achten Sie auf nonverbale Signale. Wie reagieren Ihre Gesprächspartner? Gehen Sie darauf ein, versuchen Sie, auf die gleiche Wellenlänge zu kommen.

So präsentieren Sie sich exzellent

Der Inhalt macht die Form. So weit, so gut. Aber: Die Form macht die Wirkung. Sprich: Ohne tatsächliche Leistung werden Sie keinen Erfolg erringen. Aber wie Sie Know-how und Köpfchen präsentieren, wird Ihren Erfolg entscheidend prägen. Selbstbewusstes Verhalten lässt sich lernen. Das Geld für einen Rhetorikkurs ist immer eine gute Investition. Wo Sie einen solchen Kurs belegen, hängt von Ihrem Geldbeutel und dem Angebot in Ihrer Umgebung ab. Nicht immer ist das Teuerste auch das Beste. Ich habe beispielsweise vor vielen Jahren einen hervorragenden Gewerkschaftskurs absolviert, der mich Quantensprünge in Sachen Rhetorik und freies Sprechen weitergebracht hat. Vor konkreten Präsentationen können Sie den »Dry run« üben, wie er in vielen amerikanischen Firmen trainiert wird. In einer Art Trockenlauf werden Präsentationen, Gespräche oder Verhandlungen durchgespielt. Suchen Sie sich dafür Freunde, Freundinnen oder Kollegen, die Ihre Gesprächspartner mimen.

Bringen Sie Ihre Gedanken in Ordnung. Schon Goethe hat einmal zu Papier gebracht: »Ich schreibe Dir heute einen langen Brief, weil ich keine Zeit habe.« Nehmen Sie sich die Zeit zum Denken – vorher. Jeder Zuhörer schlafft ab, wenn Sie ewig brauchen, um endlich zum Punkt zu kommen. Ebenfalls aus Amerika kennen wir die Methode, das Anliegen, das wir haben, auf höchstens einer DIN-A4-Seite formulieren zu können. Wenn wir das nicht schaffen, haben wir die Sache noch nicht genug durchdacht. Und haben die wesentlichen Argumente noch nicht präzise genug herausgearbeitet.

Dress for success

Gehen Sie die Frage Ihres Outfits möglichst professionell an. Denn Ihre Kleidung macht einen großen Teil Ihres Auftritts aus.

Gelungene Selbst-PR bedeutet eben auch, die Wirkung von Kleidung zu kennen und gezielt einzusetzen. Viele wehren sich gegen solche Marketingstrategien mit dem Argument, dass sie sich nicht »verkleiden« wollen – aber darum geht es ja gar nicht. Die Kompetenz- und Imageberaterin Susanne Dölz kommentiert das so: »[Ein] aufgepfropftes Image, mit dem sich jemand nicht wohl fühlt, erreicht genau das Gegenteil; die nonverbalen Signale durchs Outfit stehen dann im Widerspruch zur Persönlichkeit und die Person wird unglaubwürdig.«

Das Ziel muss deshalb andersherum sein: Persönlichkeit und Kleidung zur Kongruenz zu führen. Möchten Sie beispielsweise Karriere machen? Dann können Sie dies sehr deutlich durch Kleidung signalisieren: indem Sie sich so anziehen wie die Leute auf dem Level, das Sie anstreben.

Lassen Sie mich noch einmal mit einer ganz persönlichen Anekdote verdeutlichen, was ich mit der Wechselwirkung von Kleidung und Signalen meine, die wir dadurch aussenden: Ich traf vor längerer Zeit eine alte Bekannte in der U-Bahn, die ich seit vielen Jahren nicht mehr gesehen hatte. Sie schaute mich von oben bis unten an und sagte: »Du bist aber elegant. Als ich dich das letzte Mal sah, warst du noch auf dem Müslitrip.« Leider hielt die U-Bahn und sie musste aussteigen. Deshalb konnte ich sie nicht fragen, wie sie das gemeint hatte. Ich war nämlich nie auf dem »Müslitrip« gewesen.

Aber dann rekonstruierte ich: Als wir uns das letzte Mal sahen, war ich Redakteurin bei der Zeitschrift »Eltern«, Mutter von zwei kleinen Kindern und engagierte Betriebsratsvorsitzende. Ich erinnerte mich, dass ich damals vorwiegend im bequemen Schlabberlook herumlief. Ich hatte weder Zeit noch Nerven dafür, um mich »herauszuputzen«. Niemand hatte mir das damals gesagt, aber ich wirkte wohl wie ein grün-alternativ angehauchtes Muttertier mit Gewerkschaftsausweis.

Ich bin immer noch Mutter und noch immer in der Gewerkschaft. Und doch habe ich mich (Gott sei Dank) verändert. Durch die Arbeit bei der COSMOPOLITAN hatte ich mich berufsbedingt immer mehr mit dem Thema »Karriere« beschäftigt, schreibe selbst Geschichten und Bücher über Erfolgsstrategien, berate andere. Und ganz unmerklich hat sich – natürlich – mein Äußeres verändert. Ich bin immer noch nicht die durchgestylte Karrierefrau im Versace-Outfit, aber ich habe meinen eigenen Stil gefunden. Und das können offensichtlich auch andere erkennen.

Ich finde das lustig und spannend. Und ich glaube an gute Imageberatung, seit ich Susanne Dölz kennengelernt habe. Sie hat nichts zu tun mit dieser Typberatung à la »Leg dir ein buntes Tuch auf die Schulter und ich sage dir, welche Jahreszeit du bist«. Sie sieht Kleidung für Männer und Frauen als ein Wirkungsmittel oder Werkzeug, um bei anderen – wichtigen – Menschen in der »richtigen« Schublade zu landen. Inzwischen coacht sie auch Männer und Frauen aus Führungsriegen großer Unternehmen.

Susanne Dölz ist überzeugt davon, dass in Zeiten immer schwieriger werdenden Wettbewerbs Selbst-PR per Outfit zu Wettbewerbsvorteilen führt. Wer dies als rein äußerlichen Schnickschnack abtut, sollte wissen, dass beispielsweise neun von zehn Personalchefs glauben, dass ihre Mitarbeiter und Mitarbeiterinnen mit optimalem Outfit wesentlich erfolgreicher wären, wie das Handelsblatt berichtete. Nach dem Motto »Nur wo Erfolg draufsteht, ist auch Erfolg drin!« In einer Umfrage bei deutschen Großunternehmen hat sich übrigens ganz klar gezeigt, dass sehr wohl bestimmte »ungeschriebene Gesetze« in den Managementetagen herrschen.

Die wichtigsten Erkenntnisse: Jeans und Ledermini sind nur erlaubt, wenn kein »Kundenkontakt« stattfindet. Ansonsten sind gedeckter Anzug oder Kostüm immer noch ein »Muss«.

Die zehn Gebote des richtigen Outfits

Hier nun ein spezieller Outfit-Knigge, den Susanne Dölz und ich für alle Menschen mit Karriereambitionen zusammengestellt haben:

1. Beherzigen Sie bei der Auswahl Ihrer Businesskleidung die Grundlagen der Selbst-PR: Wie wollen Sie wirken? Wer ist Ihre Zielgruppe? Und mit welchen Mitteln erreichen Sie Ihr Ziel? Denn eine absolute Kleiderordnung für alle gibt es nicht. Dafür haben die verschiedenen Branchen auch zu viele unterschiedliche »Dress codes«.

Zwei Beispiele:
Der dunkelblaue Zweireiher, den Sie als Trainee in der Frankfurter Zentrale der Deutschen Bank anziehen, ist durchaus angemessen und erwünscht. Er wirkt aber echt abgefahren, wenn Sie mit ihm als Jungmanager in einer Maschinenfabrik im Bayerischen Wald auftauchen. Und die »High Heels«, mit denen Sie gekonnt durch eine Hamburger Werbeagentur stöckeln, bleiben bestimmt im ersten Rost auf dem Lagerplatz eines Paderborner Baustoffhandels stecken, in dem Sie gerade die Buchhaltung übernommen haben. – Und die Kollegen johlen hinter den Fenstern.

2. Kommen Sie in eine neue Umgebung – zu einem Bewerbungsgespräch oder an einen neuen Arbeitsplatz –, recherchieren Sie vorher, wie sich Führungskräfte typischerweise in dieser Branche oder in diesem speziellen Umfeld kleiden. Versuchen Sie vor Ihrem Antrittstermin einen Blick auf die

Angestellten zu werfen oder fragen Sie Menschen, die in dieser Branche arbeiten. Sind absolut keine Informationen zu bekommen, dann kleiden Sie sich lieber einen Tick zu klassisch als zu lässig. Überlegen Sie sorgfältig, wie Sie wirken wollen.

Das bedeutet für Frauen: Wer Karriere machen möchte, sollte nicht als flippige Ibiza-Maus ins Büro kommen. Kostüm oder Hosenanzug sind nun mal das klassische Karriere-Outfit. In vielen Unternehmen sind Strümpfe – selbst im Sommer – Pflicht (auch wenn's nicht im Arbeitsvertrag steht). Und in jedem Fall gilt: nie zu viel Haut zeigen.

Für Männer herrscht im Allgemeinen immer noch der Anzugzwang. Wenn es in einer Firma sehr leger zugeht, ist man mit Jeans, Hemd, Krawatte und Sakko bestimmt richtig angezogen. Aber Hände weg von Hawaiihemden in schreienden Kakadufarben mit Mickymausschlips – so genial kann gar niemand sein, dass ihm das verziehen würde.

3. Durchforsten Sie doch einmal Ihren Kleiderschrank. Wie viele passende Outfits fürs Geschäft finden sich darin? Erfahrungen zeigen, dass 70 Prozent der Klamotten im Schrank am besten in die Altkleidersammlung gehören. Oder wann haben Sie den pinkfarbenen Zweiteiler oben links im Eck das letzte Mal getragen?

Sie kennen das vielleicht: Die Regale biegen sich unter der Last von Pullovern und T-Shirts, die Kleiderstangen hängen durch, und trotzdem – das tägliche »Aufrüschen« für den Job gestaltet sich immer schwieriger.

Jetzt wird es Zeit für die »Aktion ökonomischer Kleiderschrank«. Die organisierte Businessgarderobe besteht aus klassischen Einzelteilen, die sich geschickt miteinander kombinieren lassen: 2 Anzüge beziehungsweise Kostüme, 3 Hosen, 2 Sakkos, ein halbes Dutzend Hemden beziehungsweise Blusen oder feine T-Shirts.

4. Besondere Vorsicht in der Kleiderfrage ist in der Makler-, Versicherungs- und Finanzberaterbranche angeraten: Kleiden Sie sich lieber superseriös als aufgetakelt. Signalisiert Ihre Kleidung zu sehr »High class«, könnten die Kunden auf den Gedanken kommen, dass Sie sich mit ihrem Geld so aufbrezeln. Achten Sie im Umgang mit den Kunden auch darauf, dass Ihre persönliche Identität und die Firmenidentität zusammenpassen. So signalisieren Sie: »Ich bin das Unternehmen!«

5. Was tun, wenn Sie sich absolut nur im Indien-Hängerkleidchen oder in der verwaschenen 501 so richtig wohl fühlen? Dann müssen Sie sich entscheiden: Geht Ihnen Ihre Individualität über Ihre Karriereambitionen? Okay, bleiben Sie dabei.

Oder wollen Sie, um die Regeln des Managements für sich zu nutzen, sich dem System anpassen? Einzelpersonen können – gerade am Anfang – diese Regeln nicht außer Kraft setzen. In Modefragen gilt der Spruch der Alt-Achtundsechziger: Wenn man das System verändern will, muss man eine Zeitlang die Merkmale des Systems annehmen. Und Turnschuhe in einer Budapester-Welt signalisieren nun mal: »Ich beuge mich nicht euren Regeln!« Wohingegen eine Anpassung an die Norm bedeutet: »Hier bin ich, eure kostümtragende Karrierefrau, wo ist mein Managerinnenposten?«

Ein Lichtblick am Horizont für alle Individualisten: Die strengsten Kleidervorschriften kommen allmählich ins Rutschen. Das sieht man an der Diskussion um den Casual Friday, mit dem in den USA ganz langsam die absolut rigiden »Dress codes« aufgeweicht wurden. Inzwischen sehen wohl auch die Hardliner unter den Sakkofetischisten ein, dass sich in Hemdsärmeln kreativer denken und entspannter diskutieren lässt.

6. Anpassung heißt nicht, sich zu einem geklonten Wesen zu entwickeln (auch wenn das im Frühflieger von Köln nach München manchmal so aussieht). Wenn Sie die äußeren Merkmale des Erfolgsmenschen akzeptieren, können Sie

trotzdem Ihre individuellen Schwerpunkte setzen: eine ausgefallene Brille als Markenzeichen, eine exquisit gemusterte Krawatte, besonders schöne Tücher. Setzen Sie bunte Farbkleckse ins Allerleigrau.

7. Besondere Sorgfalt sollten Sie Ihren Schuhen widmen. Viele Personalchefs schauen ganz besonders darauf, ob es unten ebenso sauber und gepflegt ist wie obenherum. Investieren Sie in gute, teure Schuhe, die dürfen dann ruhig auch schon etwas älter (aber natürlich pieksauber) sein.

8. Achten Sie auf die Signale, die Sie mit Ihrer Frisur setzen. Was Sie privat angenehm und lässig finden, kann Ihnen in der Karriere einen Strich durch die Rechnung machen. Was bedeutet das?

Für Frauen: Wenn Sie ernsthaft Karriere machen wollen, dann trennen Sie sich von üppigen Wallemähnen – vielleicht noch modisch geringelt oder mit silberblonden Strähnchen aufgepeppt. Dieses Haarsignal weckt bei Männern einen – im Privatleben vielleicht erwünschten – erotischen Effekt, übertönt aber im Beruf leicht die Qualitäten, die Sie weiterbringen. Also, Haare ab oder von neun bis fünf zur Hochsteckfrisur gebändigt. (Und bitte keinen Pferdeschwanz, der ist in deutschen Unternehmen als »Kleinmädchenfrisur« völlig verpönt.) Die klassische Karrierefrisur zeigt Kontur und Profil, zwischen raspelkurz und schulterlang.

Für Männer: Ein guter Haarschnitt ist ohne Alternative, mit sauberem Nacken und klarer Kontur. (Auch wenn Ihre Freundin noch so gern in Ihren Locken wühlt.)

Bart ist eher kritisch, aber witzigerweise je nach Unternehmen mehr oder weniger verbreitet. Nach unserer Beobachtung gilt: Trägt der oberste Boss einen, dürfen Sie es auch. Dann aber akkurat gestutzt. Dreitagebärte sind von gestern und auch die Zeit der Ziegenbärtchen geht schon wieder ihrem Ende entgegen!

9. Für Ihr Make-up gilt dasselbe wie für Ihre Selbst-PR: Zu dick aufgetragen, wirkt es billig. Also Schminken okay, aber nicht als Rauverputz, sprich dicke Schichten von Teint Fluid und Puder mit meterlangen Wimpern.

Und Finger weg von roten Nagelkrallen! Die passen vielleicht noch zu den Gespielinnen in alten James-Bond-Filmen. Doch karrieremäßig sind sie tabu. Zum Businesskostüm passen Nägel nur in Pastell und halblang. Hauchte doch schon die Mutter aller Modedesigner, die Pariserin Coco Chanel: »Verschönerung, was für eine Wissenschaft! Schönheit, was für eine Waffe!«

Ein gutes Make-up zaubert strahlende Augen – für den wichtigen Blickkontakt. Und es betont dezent den Mund. Hier die Essentials für die Businessversion:

+ eine leichte Tönung, eher zu hell als zu dunkel
+ ein Hauch von Puder und etwas Rouge
+ ein leichter Lidschatten
+ ein bisschen Kajal ums Auge
+ Wimperntusche, aber nicht zu dick
+ ein dezenter Lippenstift oder Lip Gloss

Auch wenn dieses Schönheitsprogramm morgens etwas Zeit kostet, viele Frauen fühlen sich einfach wohler, wenn sie sich so von ihrer schönsten Seite zeigen. Und es ist ja nichts im Vergleich zu dem Aufwand, den Topmodels treiben müssen. Beauty Cindy Crawford sagte mal in einem Interview: »Ihr glaubt wohl, ich bin von Natur aus schön? He, Leute, das ist Arbeit! Ich arbeite täglich acht bis zehn Stunden, um so auszusehen. Wenn andere Frauen sich die gleiche Mühe machen würden, sähen sie genauso aus wie ich.«

Doch auch Männer können sich pflegen, um einen guten Eindruck zu machen: Waschen allein genügt nicht mehr. Eine Feuchtigkeitscreme sorgt für gesunde Haut, ein Lippenbalsam macht einen schönen Mund. Hautunreinheiten lassen sich von einer Kosmetikerin behandeln. Der Gebrauch eines

Deos sollte ja inzwischen selbstverständlich sein. Und gepflegte Zähne – ohne braunen Zahnstein – sind ein absolutes Muss! Mit verschwitztem Holzfällercharme macht heute niemand mehr Karriere.

10. Für Männer und Frauen gilt gleichermaßen: dezente Zurückhaltung bei Parfum. Benutzen Sie es nicht als »chemische Keule«. Wer will schon mit jemandem zusammenarbeiten, der stinkt wie ein Douglas-Store vor Weihnachten?

Ähnliches gilt für Schmuck: Frauen müssen aufpassen, dass sich ihr erster Eindruck nicht auf das Bild eines reichgeschmückten Weihnachtsbaums reduziert. Weniger ist mehr. Zurückhaltung gilt bei Männern wie Frauen auch bei Goldschmuck: Ein Platinring wirkt oft weniger protzig.

Übrigens, und das gilt für Frauen wie für Männer gleichermaßen: je höher die Position, umso subtiler die Statussymbole.

Warten auf den Traumjob?

Manche Menschen warten ihr Leben lang auf den Beruf fürs Leben. Und oft genug vergebens. Denn Traumjobs werden selten auf dem silbernen Tablett serviert. Aber Sie können mehr tun, als die Stellenanzeigen von FAZ, »Süddeutsche Zeitung«, »Zeit« und die Jobbörsen im Internet zu durchstöbern. Nutzen Sie alle Möglichkeiten, selbst auf kreative Ideen zu kommen.

Erträumen Sie sich doch einmal den idealen Job (nutzen Sie die Visionsreise auf Seite 51). Vielleicht stoßen Sie auf Überraschungen und sind verblüfft, wonach Sie wirklich streben. Wenn sich die Umrisse Ihres Traumberufes abzeichnen, können Sie leichter erkennen, welche Chancen Ihrem Traum am nächsten kommen.

Denken Sie quer. Lassen Sie Ihre Gedanken und Wünsche öfter mal aus dem Rahmen purzeln, lösen Sie sich von Denkmustern und festgezurrten Lebensläufen. Sprechen Sie so oft wie möglich mit Kindern, nutzen Sie deren Bilderwelt und ihre nonkonformistische Sicht auf Probleme und Lösungen. Aktivieren Sie Ihre eigene Kreativität.

Entwickeln Sie ein Gespür dafür, Jobs dort zu suchen, wo Sie normalerweise sonst nicht suchen würden. Vielleicht stoßen Sie über eine Personalie unter »Vermischtes« in Ihrer Tageszeitung darauf. Oder ein Artikel in einer Frauenzeitschrift bringt Sie auf den Geschmack, mal etwas ganz anderes zu versuchen. Vielleicht reizt Sie eine Geschichte über ein Unternehmen, sich diese Firma einmal anzusehen.

Üben Sie sich im aktiven Networking. Gehen Sie auf Kongresse und Seminare, lernen Sie Leute aus Ihrer oder anderen Firmen kennen. Notieren Sie sich Namen und Funktionen und halten Sie lockeren, freundschaftlichen Kontakt.

Nutzen Sie die Dienste von Headhuntern. Schicken Sie Ihre Präsentationsmappe an Unternehmen, die auf Personalberatung spezialisiert sind. Und ziehen Sie dann im Bewerbungsgespräch Trümpfe aus dem Ärmel, die Sie so sorgfältig gesammelt haben.

Wie Sie die Gehaltserhöhung bekommen, die Sie möchten

Unser Gehalt ist mehr als eine Größe auf unserem Bankkonto, mehr als die bloße Existenzsicherung und Maß unserer Lebensqualität. Es ist auch ein Zeichen von Anerkennung für unsere Leistung. Viele Menschen unterschätzen diesen Zusammenhang noch oft. Vor allem, wenn ihnen der Job wirklich Spaß macht, schaffen sie es meist nicht, sich auch noch für

mehr Geld stark zu machen. »Das ist doch nicht so wichtig!«
Wenn es Ihnen doch wichtig ist und Sie eine Gehaltserhöhung
erreichen möchten, helfen Ihnen die Methoden der Selbst-PR.
»Tu Gutes und rede darüber!«, ist auch hier wieder die Devise.
Bescheidenheit ist fehl am Platze, wenn es darum geht, sich
berufliche Anerkennung durch Geld bestätigen zu lassen.

Gehen wir davon aus, dass Sie sich – vergleichbar einem
Markenartikel – unter die Lupe genommen haben, dass
Sie um Ihre fachliche und persönliche Kompetenz wissen.
Kurzum, Sie können sich jederzeit präsentieren, das heißt
Ihre Qualitäten »verkaufen«. Ohne den aktiven Ansatz geht
es nicht. Warten Sie nicht darauf, dass Ihnen die Gehaltser-
höhung angeboten wird. Verlassen Sie sich auch in diesem
Bereich nicht auf andere, also vor allem nicht auf Männer in
Führungspositionen, die ja meist das Sagen haben. Warten
Sie nicht auf Angebote. Vertrauen Sie nicht darauf, dass die
anderen schon sehen werden, was Sie wert sind und was Sie
verdienen. Nein, das werden sie nicht. Aber Sie!

Es kommt auf die Minute an. Starten Sie Ihre Gehaltsverhandlungen sofort, wenn

+ die letzte Erhöhung schon länger als zwölf Monate zurück-
  liegt (unabhängig von den üblichen Tariferhöhungen);
+ Sie überdurchschnittlich gute Arbeitsresultate vorweisen
  können;
+ Kunden, Mitarbeiter, Vorgesetzte Sie loben;
+ Sie sich einen Rahmen geschaffen haben, der Sie auf die
  eine oder andere Weise »unentbehrlich« macht;
+ Sie sicher sind, dass Ihr Marktwert aufgrund Ihrer speziellen Kenntnisse und Fähigkeiten derzeit sehr hoch ist;
+ Sie durch mangelnde Anerkennung in Form von Geld
  dabei sind, Ihre Arbeitsmotivation zu verlieren.

Um Gehaltsverhandlungen erfolgreich bestehen zu können,
stellen Sie vorher alle denkbaren Recherchen an. Zum Beispiel:

+ Formulieren Sie schriftlich, warum Sie glauben, eine Gehaltserhöhung verlangen zu können (Sie erinnern sich: Was macht mich in Bezug auf andere einzigartig, was sind meine Stärken etc.).

+ Sammeln Sie über den Zeitraum des letzten Jahres Beispiele für herausragende Leistungen. Haben Sie ein Projekt erfolgreich abgeschlossen? Konnten Sie der Firma Ausgaben ersparen? Haben Sie Verbesserungsvorschläge eingereicht? Konnten Sie einen Streit schlichten?

+ Prüfen Sie Ihren Marktwert. Studieren Sie Job-Angebote. Welche Jahresgehälter werden für Ihren Beruf derzeit geboten? Wie verhalten sich Angebot und Nachfrage in Ihrer Branche?

+ Nutzen Sie die Tatsache, dass Menschen grundsätzlich faul sind; auch Ihr Chef oder Ihre Chefin. Erstellen Sie daher eine vorgefertigte schriftliche Argumentationshilfe oder ein Leistungsprofil, das Sie ihnen in die Hand geben können. Nach der persönlichen Präsentation, versteht sich. So hat Ihr Boss die Möglichkeit, sich seiner- oder ihrerseits auf Verhandlungen mit weiteren Vorgesetzten, dem Personalchef etc. vorzubereiten.

+ Stellen Sie sich aber bitte auch vorher die Frage, ob eine Gehaltserhöhung berechtigt (und aussichtsreich) ist! Sind Ihre Leistungen wirklich überdurchschnittlich gewesen? Geht es Ihrer Branche gut oder ist sie gerade in einer Flaute? Verdienen Sie eventuell schon das Maximum im Vergleich zu anderen Kollegen aus Ihrem Betrieb oder in anderen Unternehmen der Branche?

Der richtige Zeitpunkt: Sobald Sie alle oben beleuchteten Voraussetzungen geschaffen haben und sagen: »Jawohl, ich habe gute Chancen für eine Gehaltserhöhung«, dann zögern Sie nicht. Werden Sie initiativ. Beachten Sie dabei: Gehaltsgespräche führt man nicht im Fahrstuhl oder während eines Betriebsausflugs. Vermeiden Sie, Ihre Vorgesetzten in Situationen um mehr Gehalt zu bitten, die dazu nicht geeignet sind. Sonst handeln Sie sich von vornherein eine Absage ein. Melden Sie sich zu Gehaltsgesprächen an und bitten Sie um einen passenden Termin. Ihr Chef oder Ihre Chefin hat dann Gelegenheit, sich ebenfalls vorzubereiten, und fühlt sich nicht überfahren. Der passende Auftritt: Kleiden Sie sich wie immer, nicht außergewöhnlich streng oder sexy. Ihre Vorgesetzten werden umso unbefangener auf Ihre Forderungen reagieren können, je natürlicher Sie sich geben. Verwechseln Sie souveränes, selbstbewusstes Auftreten nicht mit Aggressivität. Bleiben Sie gelassen, auch wenn Ihre Argumente auf Widerstand stoßen. Es ist ein Traum, anzunehmen, dass Ihr Chef nur darauf wartet, mehr Geld für Sie ausgeben zu dürfen.

Rechnen Sie also mit Gegenargumenten wie

✦ »Sie müssen die Tarifverhandlungen abwarten.«
✦ »Sie verdienen bereits überdurchschnittlich gut.«
✦ »Sie wissen doch um die schlechte wirtschaftliche Situation in unserer Branche.«

Verweisen Sie darauf, dass es Ihnen nicht um tarifliche Erhöhungen geht, sondern um die übertarifliche Bewertung überdurchschnittlicher Leistungen. Machen Sie deutlich, dass Sie aufgrund von Marktanalysen wissen, dass Sie im normalen Rahmen verdienen, und dass Sie sehr wohl um die angespannte wirtschaftliche Lage wissen. Sie sind ja schließlich informiert.

Nehmen Sie Herausforderungen an: Sollte eine Gehaltserhöhung nur dann durchzusetzen sein, wenn Sie weitere Aufgaben übernehmen oder innerhalb Ihrer Eignungen ganz andere Tätigkeiten ausüben sollen, denken Sie gut darüber nach. Flexibilität zahlt sich meistens aus. Und Sie geben Ihren Vorgesetzten damit vielleicht die einzige Möglichkeit, eine Gehaltserhöhung zu vertreten. Aber wägen Sie in jedem Fall ab, ob der Geldgewinn eventuelle Nachteile – Stress, Überstunden, weniger Spaß – auch wirklich wert ist.

Denken Sie auch an »geldwerte Leistungen«, falls eine Gehaltserhöhung momentan nicht durchzusetzen ist: Wie wäre es mit einem Dienstwagen, einem Zuschuss zur Kinderbetreuung oder einer lukrativen Lebensversicherung durch den Arbeitgeber?

Cool bleiben, wenn der andere unsachlich wird! Fühlen sich Ihre Vorgesetzten von Ihnen in die Ecke gedrängt, wollen oder können sie Ihnen keine Erhöhung gewähren, kann es passieren, dass sie Ihnen verhalten oder sogar deutlich drohen. Etwa damit, dass Ihr Job ohnehin so begehrt sei, dass leicht ein Dutzend Anwärter dafür zu finden seien, die es auch billiger machen würden.

Schlagen Sie nicht zurück. Bleiben Sie sachlich, machen Sie deutlich, dass es keineswegs leicht ist, qualifizierte Mitarbeiterinnen wie Sie zu finden. Zählen Sie dabei noch einmal Ihr Qualitätskonto auf.

Sollte trotz bester Vorbereitung die Gehaltsverhandlung scheitern, lassen Sie sich genau erklären, aus welchen Gründen derzeit nicht mehr Geld drin ist. Und behalten Sie die Argumentation fürs nächste Mal im Gedächtnis.

Und hier noch einige Insider-Tipps, was Sie in Gehaltsverhandlungen vermeiden sollten:

✦ Ihr Privatleben muss in jedem Fall tabu bleiben! Es spielt überhaupt keine Rolle, ob Ihnen die Zinsen für Ihre Eigentumswohnung über den Kopf wachsen oder ob Sie Ihre armen Eltern mitversorgen müssen. Genauso sollten Sie umgekehrt Ihren Chef freundlich darauf hinweisen, dass Bemerkungen über Ihre finanzielle »Glanzlage«, etwa durch einen gut verdienenden Ehemann, absolut fehl am Platz sind.

✦ Vergleichen Sie sich nie mit anderen. Das langweilt und steht überhaupt nicht für Selbstvertrauen. Es geht um Sie, um niemanden sonst.

✦ Vorsicht vor heißen Spielchen. Pokern Sie nur dann, wenn es tatsächlich etwas zum Pokern gibt. Das heißt vor allem: Drohen Sie nie mit Kündigung, wenn Sie nicht einen anderen Job schon in der Tasche haben. Sie könnte angenommen werden.

Übrigens: Ich selbst habe von Männern gelernt, wie man sich verkauft. Ein junger Kollege, Berufsanfänger, startete einmal in meiner Redaktion mit fast dem gleichen Gehalt wie ich nach über zehn Berufsjahren. »Wie hast du das geschafft?«, habe ich ihn gefragt. »Ich habe anfangs noch 2000 Euro mehr verlangt und habe mich dann hiermit zufriedengegeben«, war seine verblüffend einfache Antwort. Ich hab's später mal ausprobiert: Während eines Bewerbungsgesprächs nach meinen Gehaltsvorstellungen gefragt, habe ich kurz geschluckt und eine in meinen Augen phantastische Summe genannt. Die Gegenseite hat erst einmal hörbar durch die Zähne gepfiffen. Und die Summe dann mit kleinen Abstrichen akzeptiert.

Wie Ihr Geschäft besser läuft

Sie haben es geschafft. Sie gehören zu denen, die mit Mut, Eigenverantwortung und kreativem Potential in die Selbständigkeit gesprungen sind. Herzlichen Glückwunsch. Die Selbständigkeit ist die schönste Form der Unfreiheit. Aber: Klappern gehört gerade hier zum Handwerk. Denn die Konkurrenz schläft nicht.

Um überzeugend auftreten zu können, sollten Sie mit der »Unique Selling Proposition«-Methode (auf Seite 161) die Einzigartigkeit Ihrer Firma, Ihrer Dienstleistung, Ihres Angebots herausarbeiten. Was unterscheidet Ihr Unternehmen von anderen? Was ist Ihr besonderer Service? Warum sollten Kunden gerade bei Ihnen einkaufen, etwas bestellen, Ihnen Aufträge erteilen oder sonstwie Ihre Dienste in Anspruch nehmen (außer um Ihnen Geld in die Kasse zu bringen, meine ich)?

Wenn Ihnen gar nichts einfällt, was Ihre Firma hervorhebt, dann sollten Sie überlegen, ob Sie die Sache nicht lieber gleich abblasen sollten (wenn Sie nicht ein Monopolgeschäft, zum Beispiel die einzige Apotheke am Ort, besitzen). Ansonsten listen Sie Ihre Vorzüge auf und nutzen Sie diese Positiv-Punkte in Zukunft für Ihre Werbung oder Kundenakquisition: »Keine wäscht schneller ...« oder »Die größte Auswahl in ...« oder »Einzigartige Rücknahmegarantie bei ...« oder »Langjährige Erfahrung in ...«.

Schauen Sie über den Tellerrand Ihres Geschäfts hinaus und beobachten Sie die Branche. Sammeln Sie in einem Archiv Informationen, die Ihnen langfristig einen Überblick über Trends und Entwicklungen geben. Dazu gehören: Ausschnitte aus Zeitungen, Zeitschriften, Fachpublikationen, Werbematerial von Konkurrenzfirmen, Prospekte und Folder von Zulieferern etc. Dieses Archiv kann gleichzeitig Ihr Ideen-Lieferant werden. Für eigene Aktionen, Ausweitungen Ihres Geschäfts oder auch für einen verbesserten Kundenservice. Wir leben in einer Dienstleistungsgesellschaft und alle Experten sind sich einig, dass der Dienst am Kunden, also die Pflege des Geschäftskontakts, in Zukunft noch stärker als heute über den Erfolg entscheiden wird.

Apropos Kunden: Versuchen Sie möglichst viele Informationen über Ihre Kunden zu gewinnen. Das gilt für die Stammkunden einer Dessous-Boutique wie für Auftraggeber einer Werbeagentur, für die Abnehmer von Zahnersatz wie für Klienten einer Steuerkanzlei. Je mehr Sie über Ihre Geschäftspartner wissen, umso besser können Sie ihnen maßgeschneiderte Angebote liefern: Was benötigen Ihre Kunden von Ihnen? Wo können Sie ihnen zusätzlichen Service bieten? Legen Sie für Ihre Kunden Karteikarten an: Welche Aufträge haben Sie schon bekommen? Was wissen Sie über die Kunden? Wer ist Ihr Ansprechpartner? Über welche Problemlösungen haben Sie schon gesprochen? Wo sehen Sie eine zusätzliche Möglichkeit, den Kunden Ihren Dienst anzubieten?

Konzentrieren Sie Ihre Kräfte: Delegieren Sie Arbeiten, die auch andere tun können: Briefe abtippen oder das Büro putzen, und verlegen Sie sich auf die Kundenpflege!

Das Zauberwort: Akquirieren

Die Selbstdarstellung ist in vollem Gange, Tausende von Firmen werben um Kunden: Da flattern uns Direkt-Mailings ins Haus, Postboten schleppen kiloschwere Kataloge an, die Briefkästen sind vollgestopft mit bunten Werbezetteln. Alles hochglänzend und vierfarbig, nicht zu vergessen die Spam- und Werbemails, die täglich eintreffen und auch immer bunter werden. Wie können Sie sich von diesem Werbewust abheben?

1. Rat: Konzentrieren Sie sich.

Der richtige Empfänger Ihrer Selbst-PR ist die Schlüsselvoraussetzung zum Erfolg. Bevor Sie irgendeine Aktion starten, um neue Kunden zu gewinnen, kreisen Sie deshalb die Zielgruppe sorgfältig ein, um Streuverluste zu vermeiden: Wen will ich mit meinem Angebot erreichen? Will ich die ganze Stadt auf meinen Laden aufmerksam machen oder nur Frauen mit Übergröße? Biete ich allen deutschen Zahnarztpraxen meinen Abrechnungsdienst an oder den Ärzten in meiner Umgebung? Werbe ich allgemein für meinen Schreibwarenladen oder weise ich die Liebhaber von edlem Papier auf mein besonderes Angebot hin?

2. Rat: Legen Sie alle Sorgfalt in die Recherche von Namen und Adressen.

Wer einen Brief mit falsch geschriebenem Namen erhält, ist schon einmal skeptisch, ob noch mehr Fehler im Angebot sind. Schlamperei schafft Barrieren.

3. Rat: Bleiben Sie am Ball.

Erwarten Sie nicht, dass alle Angeschriebenen Ihnen gleich begeistert antworten. Kündigen Sie im Brief Ihren Anruf an und haken Sie dann nach einiger Zeit wirklich telefonisch nach.

4. Rat: Suchen Sie kreative Ausdrucksformen.

Produzieren Sie doch einmal eine CD oder DVD über Ihre Firma, die vielseitig einsetzbar ist, zum Beispiel im Direktversand oder auch in einem privaten Hörfunksender. Oder warum stellen Sie nicht gleich in einem Video Ihr Unternehmen, Ihre Leistungen, Ihre Mitarbeiter und Mitarbeiterinnen vor? Auch das Internet bietet zahlreiche Möglichkeiten, andere kreativ anzusprechen!

5. Rat: Suchen Sie die Nähe potentieller Auftraggeber.

Wo könnten Sie ihnen begegnen: auf Messen, Versammlungen, Seminaren, in Berufsverbänden, Business Clubs und Netzwerken.

6. Rat: Glauben Sie an sich.

Das »positive Denken« ist ein wenig in Verruf geraten, seit zu viele darüber reden, statt es zu leben. Dennoch ist einfach bewiesen, dass Menschen, die von ihrem Erfolg überzeugt sind, ihn auch eher erreichen als die, die von Anfang an zweifeln. Denken Sie an das alte Beispiel: Ein Vertreter kommt in die Wüste, um Schuhe zu verkaufen. Er telegraphiert nach Hause: »Alle Schuhe einstampfen, die gehen hier alle barfuß.« Der nächste Vertreter kommt in die Wüste und schickt sofort ein Fax an seine Firma: »Alle Schuhe herschicken, hier gehen alle barfuß!« Das ist es!

Wie funktioniert nun das positive Denken? Einfacher, als Sie vermuten. Sie müssen sich nur regelmäßig vorsagen, dass Sie Erfolg haben werden, zum Beispiel: »Meine Mailingaktion ist gut, ich werde dadurch einige Kunden gewinnen!«

Oder: »Mein Angebot ist phantastisch. Es wird ganz bestimmt ankommen.« Das hat nichts mit Zauber und Hokuspokus zu tun und ersetzt auch nicht Ihre harte Arbeit. Aber es wird Ihnen helfen, überzeugender aufzutreten und damit positive Ergebnisse zu erzielen. Denken Sie nur daran, wie Ihre Augen strahlen, wenn Sie an eine glorreiche Zukunft denken, und wie sich Ihre Mundwinkel nach unten ziehen, wenn Sie vom Misserfolg überzeugt sind.

Was Sie beim Tennisspielen lernen können

Wollen Sie wissen, mit welcher Arbeitsweise Sie Ihren Erfolg anstreben? Dann spielen Sie Tennis! Oder: Verbessern Sie Ihre Schlagtechnik beim Tennisspielen und maximieren Sie so Ihren Berufserfolg! Wie das geht? Ich bin auf diesen Zusammenhang aufmerksam geworden, als ich nach einer längeren Spielpause vor vielen Jahren wieder Trainerstunden auf dem Tennisplatz nahm.

Anfangs drosch ich den Ball nur so über den Platz, traf ihn nie optimal, japste schon nach einer halben Stunde und konnte am nächsten Tag vor lauter Muskelkater kaum noch laufen. Nach der zweiten Stunde machte sich mein alter Tennisarm schmerzhaft bemerkbar. Mein Trainer fragte mich kopfschüttelnd, woraus sich bloß mein offensichtlicher Killerinstinkt entwickelt hätte. Ich schlüge hart, viel zu verbissen, mit zu viel Kraft und im falschen Augenblick. Und dann fragte er mich auch fast nebenbei, wie es mir beruflich gehe.

Im ersten Augenblick war ich beleidigt. Aber dann begann ich zu erzählen: Welchen Frust meine Position mit sich brächte, wie unwohl ich mich in der Redaktion fühlte, welche Auseinandersetzungen ich mit Vorgesetzten und Kollegen ausstehen müsste. Und dass ich mich nur auf dem Tennisplatz abreagieren könnte: »Wumm und wumm und wumm ...«

Kurz nach diesem Gespräch erhielt ich ein Angebot für eine neue Stelle und kündigte flugs meinen ungeliebten Job. Ich nahm weitere Trainerstunden und merkte bald, dass meine Schläge sanfter wurden, dass ich mehr mit Schwung als mit Kraft spielte. Ich traf den Ball plötzlich im richtigen Moment, freute mich über das satte »Plopp« und ich fühlte mich wohl dabei.

Während eines Spiels wurde mir der Zusammenhang zwischen meinem Tennisspiel und meiner Arbeitsweise bewusst: Renne ich blindwütig gegen etwas an, verbissen, hart, ohne Überlegung, mit übertriebenem Kraftaufwand und mit falschem Timing, dann ist die Folge: Ich verausgabe mich, ohne mein Ziel zu erreichen. Mein Körper streikt. Ich fühle mich schlapp und verliere den Mut, jemals ein gutes Spiel (gute Arbeit) leisten zu können.

Schaffe ich es aber, den richtigen Zeitpunkt für die richtige Aktion abzuwarten, locker zu bleiben, meinen Schwung auszunutzen, die Situation anzuschauen und einzuschätzen, ihr entgegenzugehen, dann hat dies zur Folge: Das Spiel (die Arbeit) macht Spaß. Und der Erfolg spornt mich an, noch besser zu werden. Nach getaner Arbeit kann ich mich einer angenehmen Müdigkeit hingeben. Mein Körper reagiert positiv, ich fühle mich einfach wohl.

Beobachten Sie sich doch einmal selbst: beim Sport, bei der Gartenarbeit, beim Kochen oder wo auch immer in Ihrer Freizeit. Können Sie Rückschlüsse auf Ihre Arbeitsweise ziehen? Erkennen Sie Parallelen? Dann überlegen Sie Möglichkeiten, noch besser zu werden.

Der kleine Presse-Knigge

1. Die beste Methode, Ihr einzigartiges Angebot in der Presse zu lancieren, ist die Erstellung und Versendung einer Pressemitteilung. Das heißt: Sie schreiben eine Meldung, die in

einer Redaktion zu einer Nachricht bearbeitet und abgedruckt werden kann. Aber denken Sie daran: Eine Nachricht ist keine Anzeige (sie hat den Vorteil, dass sie nichts kostet). Sie können also nur Informationen liefern, über die Umsetzung entscheiden die Redakteure.

2. Überlegen Sie: Welche Zeitung/Zeitschrift, welcher Sender nützt Ihrem Anliegen am meisten? Lernen Sie das Medium kennen, das Sie ansprechen wollen: Lokalteil der Tageszeitung, Privatsender, Zeitschrift oder Fachmagazin?

3. Wen können Sie ansprechen? Sehen Sie im Impressum der Zeitung/Zeitschrift nach, wie der Chefredakteur heißt oder wer für das Ressort zuständig ist, das Sie interessiert: Lokales, Wirtschaft, Karriere, Frauen, Weiterbildung, Freizeit.

Oder Sie rufen im Sekretariat an und fragen Sie nach der genauen Schreibweise des Namens!!!

4. Beachten Sie Herstellungsfristen. Bei Tageszeitungen können ein paar Tage Vorlauf genügen, um zum Beispiel auf eine Veranstaltung oder eine Geschäftseröffnung hinzuweisen, bei Frauenzeitschriften sind es meistens zwei bis drei Monate!

5. Zeitungen und Zeitschriften leben von Nachrichten, von Neuigkeiten, vom Spektakulären. Wen interessiert, wenn die 32. Damenboutique einer Stadt eröffnet wird? Oder wenn der Verband XY einen Infoabend abhält? Eine Nachricht wird es aber, wenn George Clooney die Boutique eröffnet. Oder wenn die SPD-Politikerin Gesine Schwaan beim XY-Verband über den Zusammenhang von Wellness und Karriere referiert.

6. Das heißt: Bieten Sie den Redaktionen »Futter«. Machen Sie aus Ihrer Information eine Nachricht. Überlegen Sie, was das »What's fit to print« ausmacht, also was sich lohnt, gedruckt zu werden. Ein Event, eine Sensation, eine spannende Sache, etwas ganz Neues, Einzigartiges.

7. Ein Satz zum äußeren Erscheinungsbild: Fotokopien, in die nur der Verlagsname eingesetzt wurde, haben weniger Chancen! Auch Journalisten sind eitel!

Ein Tipp aus der Praxis: Als Redakteurin bei der COSMO-POLITAN bekam ich pro Tag circa 40 bis 60 Briefe. Ich öffnete zuerst die an mich persönlich adressierten Briefe, dann die an die Redaktion adressierten und zuletzt die Drucksachen, erst die an mich, dann die an die Redaktion adressierten.

Um es etwas überspitzt zu verdeutlichen: Die beste Chance, Aufmerksamkeit zu erregen, hat ein aus handgeschöpftem Büttenpapier bestehender, seidengefütterter, mit Tinte handschriftlich persönlich adressierter Umschlag! Diese Investition in die Sinnlichkeit zahlt sich aus. Und was ist mit Fax-Briefen? Während sie in manchen Redaktionen einen höheren Aufmerksamkeitswert besitzen, flattern sie in anderen unbemerkt auf Schreibtischen herum. Profis schicken deshalb aktuell ein Fax und schieben einen Brief hinterher!

Genau dasselbe gilt für E-Mails, nur andersherum. Denn das Medium ist die Message: Je kürzer, klarer und persönlicher, desto eher haben Sie die Chance, eine Antwort zu bekommen.

8. Eine knackige Überschrift ist noch der beste »Eyecatcher«, der Aufmerksamkeit erregt. Legen Sie deshalb die allergrößte Sorgfalt in eine bunte, spannende, überraschende Überschrift Ihrer Meldung, Einladung etc.

9. Zeitungsinhalte sind ein Spiel von Angebot und Nachfrage. Deshalb denken Sie immer daran: Sie können ein Angebot machen, haben aber keine Garantie, dass dies auch angenommen wird (das unterscheidet die Nachricht wieder von der teuren Anzeige).

10. Pflegen Sie Kontakte zur Presse. Bitten Sie um einen Termin für einen Redaktionsbesuch, um Ihr Angebot vorzulegen. Versuchen Sie, Journalisten kennenzulernen. Der persönliche Kontakt ist die beste Basis für Ihren Presseerfolg. Aber passen Sie immer auf, dass Sie dabei niemandem auf die Nerven fallen!

11. Sie können alles noch so toll vor- und aufbereitet haben. Und es passiert Ihnen,

+ dass aus einem zweistündigen Interview nur zehn Druck-
  zeilen oder 30 Radio-Sekunden übrigbleiben;
+ dass Sie aus Platzmangel aus einer Zeitschriftenumfrage
  herausfallen, obwohl die Redakteurin Sie vorher so gedrängt hatte mitzumachen;
+ dass Sie sich auf dem abgedruckten Foto, im Filmbeitrag
  hinterher entsetzlich finden, obwohl Sie vorher sogar
  extra noch beim Friseur oder beim Schönheitschirurgen
  waren (kein Witz, das gibt's).

Ein Tipp dazu: *Ich* würde niemandem ein Interview geben
ohne die Zusage, dass ich vor Drucklegung die endgültige
Form sehen kann, in der es publiziert wird.

Wie Sie die Wohnung bekommen, die Sie möchten

Auch für private Wünsche können Sie die Methoden der
Selbst-PR einsetzen: zum Beispiel für eine neue Wohnung.
Dies funktioniert im Prinzip genauso wie bei der Job-Suche:

1. Erstellen Sie eine Vision Ihrer Traumwohnung: Lage,
Größe, Schnitt, Preis etc. Recherchieren Sie die Markt-Situa-
tion: Mit welchen Quadratmeterpreisen müssen Sie rechnen,
welche Stadtteile sind günstiger? Wie steht es mit der Ver-
kehrsanbindung? Verfolgen Sie die Berichterstattung in Ihrer
Heimatzeitung: Wo werden Bauprojekte durchgezogen, wer
ist der Bauherr? Wo wird demnächst eine neue Wohnanlage
eingeweiht?

2. Erstellen Sie Ihre Vision als Mieterin: Warum sollte Ihr
Hausbesitzer unbedingt Ihnen seinen raren Schatz vermieten
wollen? Wegen Ihres hervorragenden Gehalts, Ihrer Position?
Wegen Ihrer handwerklichen Fähigkeiten? Oder weil Sie seinen Kindern Nachhilfestunden in Deutsch oder Flötenun-

terricht geben könnten? Lassen Sie sich von Ihrem früheren Vermieter oder Ihrem Arbeitgeber Referenzen schreiben. Versuchen Sie, sich professioneller als alle Mitbewerber zu geben.

3. Nutzen Sie alle, auch ungewöhnliche, Gelegenheiten, an eine Wohnung zu kommen. Machen Sie Ihre Suche überall publik: im Milchladen an der Ecke wie in Ihrer Firma, erzählen Sie auf der Party von Ihrer Herbergssuche und auf der Elternversammlung. Überlegen Sie, mit welchem Gag Sie ins Privatradio kommen könnten, mit welcher außergewöhnlichen Aktion! Texten Sie Ihren eigenen Funkspot, das kommt Sie manchmal nicht teurer als ein Makler!

Und nun sind Sie bald am Ziel: Im nächsten Kapitel möchte ich mit Ihnen nach vorne blicken.

Am Ziel

Wow, hinter Ihnen liegt ein ganz schönes Stück Arbeit. Sagen Sie sich zur Belohnung noch einmal: *Ich* handle, *ich* bestimme, *ich* steure, *ich* trage Verantwortung für mein Leben, *ich* bin stark!

Atmen Sie tief durch und genießen Sie dieses Gefühl: frei zu sein. Frei in Ihren Gedanken und Ihren Gefühlen. Und vor allem: frei zu sein in Ihren Entscheidungen! Sie bestimmen über Ihr Leben, Sie kosten seine Höhen und Tiefen aus, lassen sich auf Experimente und Spielereien ein, genießen den Kitzel von Herausforderungen und Abenteuern.

Lassen Sie Ihre Erfahrungen vor Ihrem geistigen Auge Revue passieren und spüren Sie wohlig die Zunahme an Weisheit, innerer Gelassenheit und Vertrauen in sich selbst und in das Leben.

»Ich bin frei!« In mir erzeugt dieser Satz regelmäßig einen kleinen Jauchzer in der Brust. Ich wünsche Ihnen diese Freude an Ihrer Selbstbestimmung. Und ich wünsche Ihnen den Mut, Unfreiheit, Abhängigkeit, Bedrängtheit und Unfreude abzulegen, aufzubrechen und positiv zu verändern.

Sie sind nun am Ziel. Doch sicher noch nicht am Ziel all Ihrer Wünsche? Dieses Buch hat Ihnen in den verschiedensten Kapiteln das Handwerkszeug mitgegeben, die Grundlagen, damit Sie besser und leichter Ihre Ziele realisieren können. Nun liegt es an Ihnen, was Sie daraus machen, und ich wünsche Ihnen viele gute Momente und gutes Gelingen dazu. Denn: Sie können es. Und noch viel mehr, wie Sie gleich sehen werden.

Engagieren Sie sich!

Hinterm Horizont geht's weiter. Das gilt auch für den Blick über unseren privaten Horizont hinaus. Über die persönliche Selbsterkenntnis und Veränderung hinaus können wir weitere Schritte tun, damit wir unsere Ziele leichter erreichen. Denn eins ist sonnenklar: Geschenkt wird uns nichts! Wenn wir nichts fordern, wird uns nichts gegeben. Wenn wir uns nicht engagieren, werden wir nichts erreichen.

Wir brauchen nicht sauer auf Männer zu sein, die zielstrebig ihren Weg gehen und uns dabei vielleicht überholen, wenn wir selbst nicht mal ein klares Ziel vor Augen haben. Wir brauchen nicht neidisch auf andere Frauen zu schauen, die ihren Lebensentwurf umsetzen, nur weil wir uns nicht trauen. Wir brauchen nicht auf Unternehmen zu warten, die endlich erkennen, wie wichtig das weibliche Potential für die Ergebnisse ist, sondern können mutig zeigen, was in uns steckt, können »hier« rufen und Verantwortung übernehmen. Wir müssen aber aufpassen, dass in Zeiten der verschärften Wirtschaftslage, zwangsläufig steigenden Konkurrenzdrucks und demographischer Entwicklung kein neuer »Müttermythos« aufgebaut wird oder Frauen sich in vorauseilendem Gehorsam bescheiden.

Ehrlich gesagt, habe ich früher geglaubt, Frauen wären die besseren Menschen, mit ihrer sozialen Kompetenz und ihrem Mitgefühl. Inzwischen weiß ich: Frauen sind auch nur Menschen. Gott sei Dank. Manche sind beseelt von Empathie, andere sind knallharte Zicken. Manche führen ein Team mit fürsorglicher Hand, andere mobben unliebsame Mitarbeiter. Aber sie sind eben auch nicht die schlechteren Menschen. Sie können genauso gut oder schlecht eine Partei oder ein Unternehmen leiten wie jeder Mann. Das haben Frauen in den letzten Jahrzehnten nun fürwahr bewiesen.

Was ich auch noch gelernt habe: Es gibt nicht »die« Frauen, die sich einfach nur bemühen müssten zusammenzuhalten.

Es gibt unterschiedliche Interessen von Kinderlosen und Müttern, von Berufstätigen und Rentnerinnen, von Hausfrauen und Führungskräften, von Schwäbinnen und Mecklenburgerinnen. Bei allem Wunsch nach weiblicher Solidarität sollten wir das nicht vergessen. Nur Frausein als Programm reicht nicht. Auch wenn wir ein Gefühl für Gerechtigkeit haben, sehr wohl etwas dafür tun können, dass alle Menschen ihr Potential beweisen können.

Was jede Einzelne für sich selbst erreichen kann, mehr Selbstbestimmung, mehr Selbständigkeit, mehr Selbstvertrauen, mehr Sicherheit, mehr Wirkung, könnte sie aber auch in ihr gesellschaftliches Engagement einbringen. Lassen Sie uns in Situationen, in denen wir mitzuentscheiden haben, prüfen: Was bringt mich und uns allgemein weiter? Bedenken Sie beispielsweise bei Wahlen – ob Sie nun einen Betriebsrat, den Stadtrat oder ein Parlament zu wählen haben –: Was wollen die Kandidaten und Kandidatinnen für Chancengleichheit tun?

Ich möchte Sie aber auch ermutigen, sich selbst in einer Partei, einer Bürgerinitiative oder im Betrieb zu engagieren, um mehr Einfluss zu gewinnen, etwa um familienfreundliche Arbeitszeiten durchzusetzen oder einen besseren Schutz vor Diskriminierung. Möchten Sie Ihre weibliche Sicht der Dinge zum Thema Umwelt oder für bessere Kinderbetreuungseinrichtungen einbringen? Ich weiß, dies ist noch ein arger Stress, weil die Mehrzahl der Männer das Procedere von Sitzungen, Parteitagen etc. bestimmt. Aber es ist zu erkennen, dass überall da, wo Frauen sich in größerer Zahl engagieren, auch die äußeren Bedingungen wechseln: Sitzungen zu Zeiten beispielsweise, in denen auch Mütter von Kindern teilnehmen können.

Es ist kein Geheimnis: Viele der Frauen, die sich heute eine Position in der harten Männerlandschaft Politik, Gewerkschaft oder Management erkämpft haben, mussten für die Anpassung einen hohen Preis bezahlen. Die Wissenschaft kennt den

Begriff der »kritischen Masse«, ab der sich unaufhaltsam Veränderungen ergeben. Wahrscheinlich müssen wir diese »kritische Masse«, also eine gewisse Zahl von Frauen in Entscheider-Positionen, erreichen, damit sich auch in der Chefetagen-Kultur etwas ändern kann. Die beste Voraussetzung dazu: uns gegenseitig ermutigen, stützen, beraten und fördern.

Anfänge sind gemacht, Frauennetzwerke sind entstanden, wenn auch noch viel zu wenige. Und es gibt inzwischen selbstbewusste Frauen, die keine Angst vor weiblicher Konkurrenz haben, die es im Gegenteil genießen, dass sich die Aufmerksamkeit von ihrer Einzelkämpferposition auf mehrere verteilt. Und Frauen entdecken, dass es Spaß machen kann, mit anderen Frauen zusammenzuarbeiten. Es handelt sich um ein immer wieder von Männern und Frauen geschürtes Vorurteil, dass die Frau der Frau schlimmster Feind sei.

Mischen wir uns ein!

Ich glaube, dass wir Frauen – und unsere Töchter – nach wie vor dringend mehr weibliche Vorbilder in unserer Gesellschaft brauchen. Wenn ich montags den »Spiegel« durchblättere und es ist wieder einmal (außer Frau Merkel) keine einzige Frau in Politik, Wissenschaft oder Kultur zitiert, fühle ich mich sehr allein gelassen.

Wir Frauen müssen aber noch mehr als bisher ja sagen zu Begriffen wie Macht und Verantwortung, Einfluss, Entscheidung und Strategien. Ich halte nichts von weiblicher Verweigerung, von dem Wunsch, »sich die Finger nicht schmutzig zu machen«. Das hieße nämlich, Männern, und manchmal unfähigen Männern, alle lebenswichtigen Entscheidungen zu überlassen.

Ich glaube nicht, dass Frauen die besseren Menschen sind, aber ich bin sicher, dass sie viele Dinge anders sehen. Und diese andere Sicht der Dinge wird dringend gebraucht. Denn wenn wir nicht endlich aus unserer Opferrolle herauskommen, können wir zusehen, was vor unseren Augen mit der Welt passiert.

Was haben Männer von starken Frauen?

Wir können also viel gewinnen. Und die Männer? Ich meine, sie auch! Indem in uns starke Partnerinnen erwachsen, können sie einen Teil der Last, der ihre Schultern beugt, abladen: die alleinige Verantwortung für die Versorgung der Familie. Das Image des starken Max, der alles weiß und alles kann und sich keine Blöße geben darf. Die Rolle des Malochers, der als Frührentner frühzeitig vergreist. Die Rolle des Weltherrschers, der die Normlösung für alle Probleme parat hat.

Männer mit starken Partnerinnen gewinnen einen Teil des Lebens (zurück), der ihnen sonst verschlossen bliebe: Zeit für sich selbst, Zeit für ihre Kinder, Zeit für Lust und Liebe. Sie gewinnen ein hohes Maß an Lebensqualität.

Kluge, sensible Männer wissen es längst: Frauen, die an Autonomie und Freiheit gewinnen, sind glücklicher. Sie fallen nicht – wie manche befürchten – wie wilde Amazonen über sie her. Sondern schenken ihnen – aus freiem Willen – ihre Zuneigung, ihre Liebe, ihre Freundschaft, ihre Ehrlichkeit, ihre Unterstützung.

Freiwillig – allerdings nur den Männern, die sich diese Frauen aussuchen. Und was für Männer wünschen sich selbstbestimmte Frauen? Es überrascht nicht: Frauen können mit Klischees wie Softies und Machos wenig anfangen. Und Männer, die auf solche Schlagworte setzen, bleiben verwirrt zurück. Was für Männer wünschen Frauen sich:

+ den souveränen Mann,
+ den autonomen Mann,

* den starken Mann,
* den weichen Mann,
* den gut organisierten Mann,
* den selbständigen Mann,
* den freien Mann.

Denn Männer sind zwar nicht unsere Versorger, Beschützer, Gönner oder Förderer, aber sie sind auch nicht unsere Feinde. Wir wünschen sie uns als verständnisvolle Partner, die Verantwortung für ihr Leben übernehmen und keine Spielchen mit Frauen treiben.

Ich bin ganz sicher: Wenn Frauen frei wählen können, mit wem sie wie zusammenleben, ob und mit wem sie Kinder bekommen und mit wem sie zusammen alt werden wollen, brauchen auch sie weder offene noch versteckte Machtspiele zu treiben, müssen sie sich nicht ständig beweisen oder sich als frustrierte Gattinnen am Leben oder am Mann rächen.

Was haben Kinder von starken Frauen?

Wenn Frauen glücklicher sind, dann sind es auch ihre Kinder! Wenn Mütter mit ihrer Rolle im Reinen sind, profitieren Töchter und Söhne, da sie nicht »benutzt« werden zum Ausgleich von Frustrationen. Und: Wir Mütter (Tanten, Freundinnen) können unsere Kinder nach neuen Vorbildern erziehen. Wir können den Teufelskreis aus »braves Mädchen«, »tapferer Junge« durchbrechen. Wir können unseren Kindern helfen, alle ihre Fähigkeiten, Gefühle und Anlagen – ohne Rolleneinschränkungen – zu leben.

Setzen wir uns als Mütter, aber auch in Schulen und Kindergärten, in Vereinen und Verbänden dafür ein, dass die Lebensziele unserer Kinder nicht einseitig vorbestimmt beziehungsweise eingeschränkt werden. Lasst Töchter raufen, lasst Söhne weinen, lasst Mädchen Computer hacken und Jungen weiche Pferdemäuler streicheln!

Achten wir darauf, dass gerade in der wichtigen Zeit der Pubertät aus unseren tatkräftigen, gescheiten kleinen Mädchen keine wehleidigen, hilflosen, sich selbst kasteienden Ziegen werden. Und tun wir unser Bestes, dass sich unsere charmanten, zärtlichen Söhne nicht zu faulen Möchtegern-Machos entwickeln, für die uns unsere zukünftigen Schwiegertöchter hassen werden.

Aber vor allem: Genießen Sie Ihr Leben. Mal aktiver und angestrengt, mal abwartender und mit Leichtigkeit, ob mit Partner oder ohne. Spüren Sie Ihre Kraft und schreiten Sie mutig voran. Genießen Sie ihr Leben als Königin, in Ihrem Königreich – Live your Life!

Wenn Sie mir von Ihren Erfahrungen im Leben oder mit diesem Buch schreiben wollen, freue ich mich:

Sabine Asgodom
Prinzregentenstr. 85
81675 München
E-Mail: sasgodom@asgodom.de
Oder über die Homepage: www.asgodom.de

Adressen

Svea Kuschel
Versicherungs- und Finanzdienstleistungen
für Frauen GmbH
Schornstr. 8
81669 München
Tel. 089 / 4 48 57 46
Fax 089 / 48 29 01
E-Mail: info@svea-kuschel.de
Internet: www.svea-kuschel.de

Finanzfachfrauen
Die »FinanzFachFrauen« sind ein bundesweiter Zusammen-
schluss von qualifizierten Finanzdienstleisterinnen. Unter
ihnen sind Expertinnen für Versicherungen, Kapitalanlagen,
Finanzierungen und Immobilien. Jede Finanzfachfrau ist in
ihrer Arbeit wirtschaftlich unabhängig von Banken, Versiche-
rungs- und Kapitalanlagegesellschaften.
    Unter der Internet-Adresse www.finanzfachfrauen.de fin-
den Sie sicher eine Beraterin in Ihrer Nähe.

Literatur

Die folgenden Bücher möchte ich Ihnen als Anregung zum
Weiterlesen empfehlen:

Jill Barber, Rita Watson, Frau gegen Frau – Rivalinnen im
Beruf. Rowohlt Taschenbuch Verlag, Reinbek bei Hamburg 1994

Nathaniel Branden, Die sechs Säulen des Selbstwertgefühls.
Piper Taschenbuch Verlag, München 2005

Colette Dowling, Perfekte Frauen. Fischer Taschenbuch
Verlag, Frankfurt 1992

Richard Fester, Marie E. P. König, Doris F. Jonas u.a., Weib
und Macht. Fünf Millionen Jahre Urgeschichte der Frau.
Fischer Taschenbuch Verlag, Frankfurt 2000

Gisela Haasen, Selbstcoaching für Frauen. Kösel Verlag,
München 2004

Mogens Kirckhoff, Mind Mapping. Gabal Verlag, Offenbach
2004

Svea Kuschel, Frauen leben länger – aber wovon? Econ
Taschenbuch Verlag, Düsseldorf 1993

Svea Kuschel, Geld steht jeder Frau. Hugendubel Verlag,
München 2001

Alice Miller, Am Anfang war Erziehung. Suhrkamp Verlag,
Frankfurt 1983

Isabel Nitzsche, Erfolgreich durch Konflikte – Wie Frauen
im Job Krisen managen. Wunderlich Verlag, Reinbek bei
Hamburg 2001

Allison Pearson, Working Mum. Rowohlt Taschenbuch
Verlag, Reinbek bei Hamburg 2004

Marita Thiel, Erfolgsstorys – Deutsche Topmanagerinnen machen's vor. Krüger Verlag, Frankfurt am Main 2002

George Walther, Sag, was du meinst, und du bekommst, was du willst. Econ Verlag, Düsseldorf 1997

Barbara Wardetzki, Ohrfeigen für die Seele – Wie wir mit Kränkungen und Zurückweisungen besser umgehen können. dtv, München 2004

Naomi Wolf, Der Mythos Schönheit. Rowohlt Taschenbuch Verlag, Reinbek bei Hamburg 2000

Bücher von Sabine Asgodom (Auswahl):

Raus aus der Komfortzone, rein in den Erfolg, Campus Verlag, Frankfurt 2007

Lebe wild und unersättlich, Kösel Verlag, München 2007

Ganz schön stark, Econ Verlag, Berlin 2005

Setz dich durch und mach dir Freunde. Econ Verlag, München 2004

12 Schlüssel zur Gelassenheit. So stoppen Sie den Stress. Kösel Verlag, München 2004

Genug gejammert! Wie das Leben mehr Spaß macht. Econ Verlag, München 2004

Eigenlob stimmt – Erfolg durch Selbst-PR. Econ Taschenbuch Verlag, München 2002

Leben macht die Arbeit süß – Wie Sie Ihr persönliches Work-Life-Konzept entwickeln. Econ Taschenbuch Verlag, München 2002

Greif nach den Sternen – die 24 Erfolgsgeheimnisse für Glück, Geld und Gesundheit. Goldmann Taschenbuch Verlag, München 2002

Reden ist Gold. Econ Taschenbuch Verlag, München 2000

Beiträge von Sabine Asgodom in:

Heute weiß ich, was ich will. Frauen über 50 erzählen. Vgs verlagsgesellschaft, Stuttgart 2004
Von den Besten profitieren – Erfolgswissen von 12 bekannten Managementtrainern. Gabal Verlag, Offenbach 2001
Focus Forum: Die Erfolgsmacher. Von den Besten profitieren. Campus Verlag, Frankfurt 2004

Hörbücher von Sabine Asgodom (Auswahl):

Lebe wild und unersättlich, Kösel Verlag, München 2007
Greifen Sie nach den Sternen, Study & Train Verlag, Stuttgart 2006
Werden Sie LebensunternehmerIn, Campus Verlag, Frankfurt 2005
12 Schlüssel zur Gelassenheit
Genug gejammert!
Setz dich durch und mach dir Freunde

Alle erschienen bei: NEXUS Audiobooks Ltd., Frankfurt 2004

Sabine Asgodom
Leben macht die Arbeit süß
Wie Sie Ihr persönliches Work-Life-Konzept entwickeln

ISBN 978-3-548-36588-6
www.ullstein-buchverlage.de

Erfolg wird in Zukunft nur haben, wer bewusstere Wert-, Sinn- und Zielentscheidungen trifft und danach handelt. Sabine Asgodom gibt zahlreiche Tipps, wie man ein ganz eigenes, ganz persönliches Work-Life-Konzept entwickeln kann, um innere Balance zu finden und ein erfülltes Leben zu führen – im Job und privat. Sie weist den Weg vom »Eigentlich-Land«, in dem die Menschen gern etwas ändern möchten, aber dann doch nichts unternehmen, in die Stadt »Tun«, deren Bewohner selbst die Verantwortung für ihr Leben übernehmen.

Asgodom macht Mut, den eigenen Wünschen zu folgen. Ein nützliches Buch.«
Süddeutsche Zeitung

US89

Sabine Asgodom

Reden ist Gold

So wird Ihr nächster Auftritt ein Erfolg

ISBN 978-3-548-36761-3
www.ullstein-buchverlage.de

Wie wir bei einem öffentlichen Auftritt wirken, hängt nur zum Teil vom Inhalt der Rede ab. Viel entscheidender für den Erfolg sind unsere Ausstrahlung, die Stimme, die Körpersprache – und der Glaube an uns selbst. Sabine Asgodom zeigt Ihnen, wie Sie Ihre Fähigkeit zu öffentlichen Auftritten verbessern und aus jeder Präsentation eine Performance machen.

US200